Progettazione ed Implementazione Di algoritmi

Antonello **Z**izi   **G**razia **C**hiuchiolo

ISBN 978-1-291-21087-3

Published by Lulu Inc.

Raleigh, North Carolina

United States

Indice

A.Zizi ha scritto i capitoli: 1,2,5,6 e i paragrafi 9.1, 9.2, 9.4
G.Chiuchiolo ha scritto i capitoli: 3,4,7,8 e il paragrafo 9.3

1. Sintassi, semantica e notazione BNF

Introduzione

L'informatica è una scienza relativamente giovane ma nonostante ciò si è ritagliata negli anni un ruolo fondamentale per la ricerca e la soluzione di problemi relativi a tutti i campi.

Spesso nel sistema scolastico, ma anche in altri ambiti, si continua a confondere l'informatica con il computer e laddove sia presente il computer si dice che si studia l'informatica.

Questo errore è equiparabile a quello che si commetterebbe se chi va a scuola guida, quindi usa un mezzo meccanico, affermasse di essere un esperto in ingegneria meccanica!

Secondo il precedente criterio ogni campione di videogames o ogni navigatore del Web dovrebbe essere considerato un esperto in informatica.

Questa confusione purtroppo è diffusa anche presso la classe insegnante (esclusi i docenti di indirizzo), oltre che presso i genitori nonché fra quelli che dovrebbero essere gli enti competenti del Ministero.

È ancora questa confusione che talvolta porta l'alunno, purtroppo, a scegliere un indirizzo di studi informatico con la convinzione che l'informatica sia l'uso del computer.

Il computer, invece, deve essere pensato come l'automobile o come la lavatrice: chi ce l'ha, spesso non è interessato a come sia fatto dentro e su quali modelli matematici si basino gli algoritmi del programma che si esegue, è sufficiente che risponda alle esigenze nel modo più semplice e nel più breve tempo possibile.

Lo studio dell'informatica, invece, è più vicino a quello della matematica: si devono comprendere a fondo i principi del calcolo delle proposizioni, l'aritmetica di macchina in base 2, si devono acquisire doti di ragionamento logico e bisogna essere in grado di modellare mediante un linguaggio formale, una soluzione algoritmica, rigorosa del problema che si affronta.

Il calcolatore, nello studio dell'informatica, ha lo stesso ruolo che può avere nello studio della fisica o della matematica: è uno strumento di ausilio per la ricerca e i test di risultati indispensabile per l'analisi di modelli e di dati oltre che per lo studio e la simulazione di sistemi complessi.

Paradossalmente il calcolatore può non essere utilizzato per lo studio dell'informatica, almeno durante il primo periodo, senza che la qualità dell'apprendimento ne risenta minimamente.

Solo dopo aver compreso i rudimenti e le tecniche di progettazione e di implementazione di algoritmi è comodo l'uso della macchina grazie alla quale si possono verificare facilmente i risultati ottenuti.

« L'informatica non riguarda i computer più di quanto l'astronomia riguardi i telescopi. »

(Edsger Wybe Dijkstra)

1.1 I concetti di sintassi e di semantica

Un linguaggio è formato da frasi costruite utilizzando sequenze simboli appartenenti a un determinato alfabeto.

Definizione

Per ogni alfabeto A, un linguaggio su A è un sottoinsieme di tutte le frasi possibili, formate utilizzando i simboli di A, aggregati mediante le regole di composizione dettate dalla grammatica.

Dalla definizione si intuisce che non tutte le frasi formate con i simboli di A sono frasi di un linguaggio su A.

Si consideri per esempio il linguaggio italiano e quello inglese: l'alfabeto è quasi lo stesso (fatta eccezione per le lettere y,j,k,w), ma le frasi che ne fanno parte sono profondamente diverse.

"I like the football game" è una frase corretta del linguaggio inglese, ma non lo è di quello italiano.

Inoltre è possibile formare frasi del tipo "stellno è ptridescoh" che seppur composta da simboli presenti nell'alfabeto, non appartiene a nessun linguaggio.

Definizione

La **sintassi** di un linguaggio è l'insieme delle regole valide per la formazione delle frasi del linguaggio stesso (ad esempio la grammatica italiana).

Definizione

La **semantica** (in un linguaggio) è il significato da attribuire a ogni frase del linguaggio (ad esempio l'analisi logica permette di individuare chi è il soggetto, chi l'oggetto, etc.).

È possibile inoltre costruire delle frasi che, pur rispettando la sintassi e la semantica sono logicamente sbagliate, come è evidente dal seguente esempio:

Il gatto mangia ogni settimana del giorno.

Questa frase è concettualmente inaccettabile, infatti il giorno non contiene al suo interno le settimane.

Osservazione

Dall'esempio precedente segue che una frase può essere sintatticamente e semanticamente corretta e contemporaneamente errata dal punto di vista logico concettuale.

Nel cap. 5 si vedrà come sia sempre possibile costruire un automa a stati finiti in grado di verificare l'appartenenza di una frase ad una grammatica.

Questo significa che è possibile scrivere un programma in grado di verificare la correttezza grammaticale (sintattica) di una frase.

Per quanto riguarda la semantica il discorso è più complicato: la verifica automatica della correttezza semantica di una frase si limita infatti a verificare che i vincoli imposti da un determinato contesto siano rispettati. Per fare un esempio la frase:

l'area di un rettangolo e data dalla base per l'altezza

non è corretta dal punto di vista semantico infatti non ha alcun significato. Per correggere la semantica di questa frase è sufficiente sostituire la *e* non accentata con la *è* del verbo essere:

l'area di un rettangolo è data dalla base per altezza.

La correttezza logica concettuale invece non può essere verificata da strumenti automatici.

Come esempio si consideri il calcolo dell'area di un triangolo: se nello scrivere un programma si chiede al calcolatore di eseguire la seguente istruzione:

area=(base+altezza)/2

il calcolatore eseguirà il comando senza nessuna obiezione e nessun analizzatore automatico sarà in grado di riscontrare la presenza di un errore logico.

È sempre e comunque totale responsabilità del programmatore scrivere i programmi concettualmente corretti, come la seguente istruzione che corregge il precedente caso:

area=base x altezza/2

1.2 Formalismi per la descrizione di linguaggi

In questo paragrafo saranno discussi alcuni formalismi per la descrizione della sintassi dei linguaggi di programmazione.

In particolare si vedrà il formalismo di **Backus-Naur**, che sarà utilizzato in tutto il resto del testo, e la rappresentazione delle frasi mediante **alberi sintattici**, strumento utile per verificare la correttezza sintattica di una frase.

Una grammatica è formata dai seguenti elementi:

- **simboli terminali**: rappresentano gli elementi del linguaggio (nel caso dell'italiano sono l'alfabeto e tutti i lemmi del dizionario). Si chiamano simboli terminali perché da questi simboli non è possibile derivarne altri (sarà chiaro tra poco);

- **simboli non-terminali** o **metasimboli**: rappresentano le categorie sintattiche del linguaggio. In pratica i metasimboli sono dei simboli che descrivono altri simboli. Così, il metasimbolo *"articolo"* serve per indicare il fatto che in quella particolare posizione ci sarà un articolo (il, lo, la, i, gli, le, un, uno, una);

- **produzioni** o **regole**: descrivono le relazioni tra i simboli (terminali e non). Stabiliscono in che modo possono essere aggregati i simboli per ottenere frasi appartenenti al linguaggio definito da quella grammatica;

- **simbolo iniziale**: è un particolare simbolo non terminale che rappresenta la radice della sequenza di derivazione.

Osservazione

Le frasi sono formate esclusivamente da simboli terminali.

1.2.1 Backus-Naur-Form (BNF)

In realtà si utilizzerà l'estensione della BNF, la Extended Backus-Naur Form (EBNF) la quale introduce il concetto di sequenza opzionale.

I simboli non-terminali, compreso il simbolo iniziale[1], sono rappresentati racchiudendoli tra parentesi angolari:

<nome_simbolo>

---

[1] Il simbolo iniziale è un particolare simbolo non terminale dal quale si inizia ad applicare le regole della grammatica per ottenere le frasi di un linguaggio.

mentre i simboli terminali sono sequenze di caratteri, generalmente in grassetto per distinguerli facilmente dai simboli non-terminali.

Le regole per la formazione delle frasi sono del tipo:

<X> ::= S (o equivalentemente <X> → S)

(si legge "X produce S" o "X può essere sostituito con S"), dove X è un simbolo non-terminale e S può essere una sequenza di simboli terminali e non-terminali.

Per rappresentare le alternative si utilizza il simbolo "|", quindi si può scrivere:

<X> ::= S_1 | S_2

che significa: X produce S_1 oppure produce S_2.

Un esempio applicato alla grammatica italiana è il seguente:

<articolo>::= **il|lo|la|i|gli|le|un|uno|una**

Il seguente esempio mostra un segmento di grammatica italiana espressa in BNF a partire dal simbolo iniziale <frase>:

<frase> ::= <soggetto> <verbo> <complemento> | <verbo> <complemento>
<soggetto> ::= <articolo> <sostantivo> | <sostantivo>
<complemento> ::= <preposizione> <sostantivo> | <articolo> <sostantivo>
<verbo> ::= **studia | dorme | corre | mangia | mangiano**
<preposizione> := **in**

<articolo> ::= **il** | **lo** | **la** | **i** | **gli** | **le** | **un** | **uno** | **una**

<sostantivo> ::= **studente** | **matematica** | **frutta** | **Gianni** | **Sara** | **cane** | **gatto** | **topo**

L'insieme di queste regole (o produzioni) è in grado di generare alcune frasi dell'italiano come:

il gatto mangia il topo;

oppure:

lo studente studia la matematica.

La stessa grammatica può anche generare anche frasi che non hanno senso in italiano, come ad es.:

un topo dorme lo studente;

oppure

le matematica mangia i Gianni.

Come discusso all'inizio di questo sottoparagrafo, il formalismo esteso della BNF mette a disposizione dei simboli speciali per indicare l'opzionalità e la sequenza.

Per indicare il fatto che un termine è opzionale, è sufficiente racchiuderlo all'interno di una coppia di parentesi quadre. Questo permette di scrivere le regole in modo ancora più semplice.

Per mostrare questo fatto è possibile riscrivere la prima produzione dell'esempio precedente, in modo più compatto, ovvero

`<frase> ::= <soggetto> <verbo> <complemento> | <verbo> <complemento>`

può essere riscritta come:

`<frase> ::= [<soggetto>] <verbo> <complemento>`

ovvero una frase formulata in italiano può non avere il soggetto indicato in modo esplicito.

La sequenza si rappresenta indicando il termine tra parentesi graffe[2].

Tutto ciò che si trova tra parentesi graffe può non essere considerato (come nell'opzionalità) o ripetersi più volte.

Questo significa che, nelle sequenze di derivazione, al momento di utilizzare la regola, è possibile inserire un numero arbitrario di volte i simboli racchiusi tra parentesi graffe oppure ometterli.

La comodità di questo simbolo speciale è evidente se si considera, come nel precedente esempio relativo all'italiano, la necessità di poter accettare frasi del tipo:

Gianni, Sara, Andrea mangiano la frutta

La precedente frase non è generata dalla grammatica dell'esempio, infatti non esiste nessuna regola che permette di inserire più di un soggetto nella frase.

---

[2] In realtà si utilizzano le parentesi graffe in luogo di {}*. In EBNF infatti esiste anche il simbolo speciale {}+ che richiede che il termine tra parentesi sia presente almeno una volta nella sequenza di derivazione.

Con il nuovo formalismo è possibile descrivere questa regola nel seguente modo:

<frase> ::= [<soggetto> {,<soggetto>}] <verbo> <complemento>

Se nella precedente grammatica si sostituisce la prima produzione con quest'ultima, sarà possibile generare frasi senza soggetto, con un soggetto oppure con un numero arbitrario di soggetti separati da una virgola.

1.2.1.1 Sequenze ricorsive (per ITIS)

Il meccanismo appena visto per i soggetti della precedente grammatica, può essere applicato a qualunque elemento della grammatica stessa.

In pratica è sufficiente introdurre esplicitamente il metatermine <seq> e fornire la sua definizione in termini di se stesso. La ricorsione si ottiene ammettendo che una sequenza possa essere un singolo elemento oppure un elemento seguito da una sequenza.

In questo modo è possibile generare sequenze di elementi di lunghezza arbitraria, come mostrato nel seguente esempio.

<seq>::=<elemento>|<elemento> <seq>

La precedente regola permette di generare frasi del tipo:

<seq>::=<elemento> <seq>
    |
<elemento> <seq>
    |

<elemento> <seq>

...

...

<elemento> <elemento> <elemento> <elemento> ... <elemento>

1.2.2 Alberi sintattici (di derivazione)

Gli alberi sintattici (o alberi di derivazione) sono particolari formalismi grafici che permettono di avere una visione d'insieme del processo di derivazione necessario per ottenere una frase, mettendo in evidenza quale simbolo non-terminale viene sostituito ad ogni passo.

Per costruire un albero sintattico si parte con il simbolo iniziale (che occupa la radice) e via via si deriva sostituendo i simboli non terminali con le sequenze richieste, generando i sottoalberi che rappresentano il procedimento di derivazione.

Osservazione

In un albero la radice e tutti i nodi intermedi sono simboli non terminali e le foglie sono simboli terminali.

Il seguente esempio mostra la costruzione dell'albero sintattico per la frase:

lo studente studia la matematica nel linguaggio generato dalla grammatica dell'esempio precedente.

Applicando la prima regola si ottiene il seguente albero di derivazione:

11

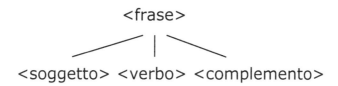

Applicando le regole per soggetto verbo e complemento si ottiene:

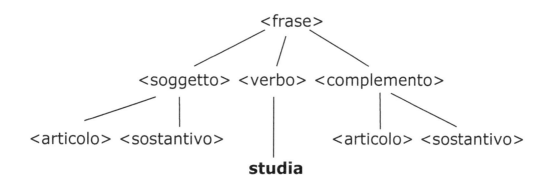

Applicando le ultime produzioni ai simboli non terminali rimasti si ottiene l'albero sintattico completo, come mostrato nella figura sotto.

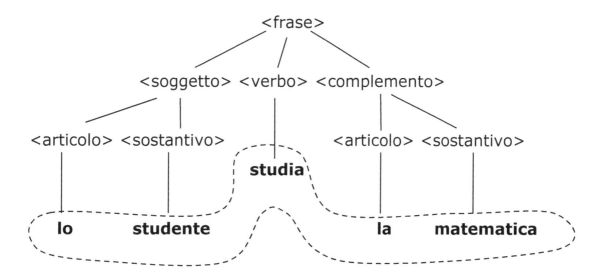

La frase è individuata dalle foglie le quali contengono esclusivamente simboli terminali che vanno letti da sinistra a destra.

Esercizi

1. Scrivi la grammatica delle espressioni aritmetiche
2. Definisci in BNF una grammatica per le espressioni aritmetiche costruite a partire dalle costanti 0, 1, 2, 3,..,9 dalle variabili x, y, z, usando gli operatori di somma, sottrazione, moltiplicazione, divisione e le parentesi tonde chiuse e aperte.
3. Verifica che la seguente frase è generata dalla grammatica definita nel precedente esercizio:
   (X+1)*(Y-1)+3
4. 3. Verifica che la seguente frase NON è generata dalla grammatica definita nel precedente esercizio:
   (X+1(*(Y-1)+3

---

2. Scelta degli strumenti

Il linguaggio C nasce nel 1972 presso i Bell Laboratories, in seguito ad una profonda rivisitazione dei linguaggi BCPL e B.

Dopo la sua standardizzazione internazionale il C prende il nome di C ANSI e diventa il linguaggio di programmazione più diffuso in ambiente UNIX.

Lo stesso sistema operativo UNIX viene riscritto in C, a dimostrazione dell'elevata efficienza e generalità del linguaggio.

Ancora oggi la forte integrazione tra i sistemi UNIX-like e il C lo rendono un importante (spesso insostituibile) strumento di lavoro.

Da allora il C ha subito numerose mutazioni e ha dato vita a nuove configurazioni di se stesso che mantengono comunque lo stesso spirito e la stessa sostanza.

In particolare si è assistito alla revisione C99 che ha esteso la sintassi del primo C standard; in seguito è stato creato il C++, un linguaggio ibrido a metà strada tra un linguaggio a oggetti e uno procedurale; infine è nato il C# che con la sua elegante sintassi rappresenta attualmente uno dei migliori linguaggi ad oggetti in circolazione.

Ognuna delle configurazioni del C è specializzata per assolvere al meglio uno specifico compito pur mantenendo l'assoluta generalità.

Ad esempio si può certamente utilizzare il C ANSI per la realizzazione di progetti (anche grafici) complessi e di grandi dimensioni, ma in questi casi è sicuramente più comodo adottare tecnologie di programmazione orientate agli oggetti, come quelle messe a disposizione dal linguaggio C#.

Viceversa è possibile scrivere in C# programmi a basso livello che usano i puntatori per effettuare accessi diretti alla memoria ma, così facendo, si farebbe uso di caratteristiche presenti in C# solo perché ereditati dal progenitore C ANSI, il quale invece, meglio si presta a questo tipo di programmazione essendo in grado di produrre codice macchina estremamente ottimizzato ed efficiente.

In altri termini ogni "isotopo" del linguaggio C è ottimo nel contesto di sviluppo per il quale è stato concepito pur rimanendo in grado di assolvere compiti in tutti gli altri contesti.

Per usare una metafora si può osservare come non abbia senso utilizzare una ruspa per spianare l'aiuola del proprio giardino (anche se è possibile farlo) così come non ha senso usare una pala ed un rastrello per spianare un campo di calcio, pur essendo anche questa un'azione tecnicamente possibile.

Scopo del presente testo è quello di mostrare le numerose similitudini tra la versione ANSI C e l'ultima versione del C# in modo da mettere in grado il lettore di effettuare la scelta di volta in volta più appropriata per ogni classe di problemi.

Si faranno inoltre (laddove possibile) dei confronti con la sintassi del Visual Basic, diffuso linguaggio utilizzato per la prototipazione rapida di applicazioni in ambienti commerciali.

Si è volutamente evitato di parlare del C++ in quanto la sua sintassi può facilmente essere ricavata dalle considerazioni fatte per i due linguaggi trattati.

2.1 Lo sviluppo di applicazioni

Esistono numerose interpretazioni sulle tecniche e sui sistemi da utilizzare per lo sviluppo di applicazioni ma ognuna di esse converge in modo più o meno evidente in una delle due grandi correnti di pensiero descritte sotto.

Da una parte ci sono gli utenti di sistemi UNIX i quali concepiscono la programmazione come la definizione estremamente granulare di tutte (e proprio tutte) le operazioni da fare eseguire al calcolatore; questa tipologia di utenti non ama i sistemi di sviluppo "amichevoli" perché in qualche modo sottraggono al programmatore una parte di controllo sullo sviluppo del codice al contorno.

Dall'altra parte ci sono gli utenti dei sistemi Windows i quali prediligono gli strumenti di sviluppo rapido (RAD) e sono portati a demandare a questi lo sviluppo dei dettagli poco interessanti, avendo il privilegio di potersi concentrare esclusivamente sugli aspetti del problema da risolvere.

Nonostante tutto, come sarà chiaro nel seguito della trattazione, le due tecnologie convergono fortemente nella loro essenza perché comune è lo scopo di chi le utilizza: scrivere il programma che risolve una classe di problemi nel migliore dei modi.

La vera importante distinzione sta forse proprio in queste ultime parole: *"nel migliore dei modi!"*.

Cosa significa nel migliore dei modi?

- Il programma deve essere più veloce nel fornire la risposta?
- Deve essere più semplice e intuitivo?
- Più accattivante?
- Deve essere sviluppato nel più breve tempo possibile?

Ecco che in base alla risposta che si sceglie si può pensare di utilizzare uno strumento piuttosto che un altro.

Nel testo si è scelto di utilizzare il linguaggio linguaggio C# come linguaggio principale confrontando le soluzioni con soluzioni alternative scritte nel linguaggio C ANSI (in ambiente Linux e windows) e soluzioni Visual Basic in ambiente Windows.

Questa scelta non è assolutamente obbligata, infatti si poteva scegliere di utilizzare C# sotto Linux, ma è quella che secondo gli autori meglio descrive le due filosofie di programmazione.

Al termine della presente trattazione risulterà evidente al lettore l'equivalenza concettuale delle due tecnologie e dei vari linguaggi utilizzati.

2.2 Livelli di astrazione

La programmazione è essenzialmente una tecnica che permette la formulazione di una o più sequenze di passi elementari necessari per la risoluzione di problemi.

Si deve dunque costruire un *algoritmo*[1] ovvero un procedimento risolutivo che porti alla soluzione del problema dato (e della classe di problemi congrui ad esso).

Esistono numerose classificazioni dei problemi, una di queste è determinata dal livello di astrazione al quale si fa riferimento per formulare le relative soluzioni.

Un problema a basso livello (di astrazione) è un problema che necessita di un'analisi dettagliata e particolareggiata relativamente all'hardware del calcolatore e al sistema operativo, un punto di osservazione molto vicino alla macchina fisica.

---

[1] Il concetto di Algoritmo sarà descritto meglio nel seguito del testo.

Esempi di problemi a basso livello possono essere quello della lettura di un byte in sequenza dalla porta seriale o il caricamento esplicito di un registro della CPU etc.

Un problema ad alto livello (di astrazione) è invece un problema osservato da un punto di vista molto vicino all'uomo ed è povero di particolari relativi all'hardware, tipici invece dell'altra classe di problemi, come:

quale registro è meglio utilizzare?

Oppure:

in quanti cicli di clock si completa l'operazione?

Un esempio di problema ad alto livello potrebbe essere il seguente: *forniti in input i nodi rappresentanti le città di una certa regione, forniti gli archi rappresentanti le strade di comunicazione tra le città, è possibile trovare un cammino minimo che tocca tutte le città possibilmente una sola volta e che può essere percorso nel più breve tempo possibile?*

Per risolvere (o per cercare di farlo) problemi come quest'ultimo sarebbe utile poter definire le entità *Nodi* e le entità *Archi* senza preoccuparsi troppo di come queste saranno rappresentate in memoria e ragionare su di esse in modo da costruire un modello ed una soluzione utilizzabile nella vita reale.

Nel seguito del testo si analizzeranno implementazioni di algoritmi realizzate utilizzando diversi linguaggi di programmazione evidenziando sempre differenze e similitudini in ognuno di essi.

2.3 Reperimento del software di sviluppo

Gli strumenti necessari per lo svolgimento degli esercizi proposti sono praticamente gratuiti e scaricabili attraverso Internet.

Per quanto riguarda gli ambienti di sviluppo da utilizzare sotto Windows è sufficiente scaricare dal sito della Microsoft ed installare l'IDE[2] *C# Express Edition* contenente tutti i file necessari oltre che il linguaggio C# (pacchetti gratuiti versione Express Edition) e il Framework .NET (versione 2.0 o successiva) che tipicamente viene installato automaticamente all'installazione dei linguaggi.

Per ITC:

Analogamente è possibile scaricare gratuitamente il famoso ambiente di sviluppo *Visual basic 6.0* insieme al service pack 6.

Per ITIS

Per la programmazione C sotto windows esistono numerosi tool gratuiti e pressappoco equivalenti; nel testo si utilizzerà l'ambiente *Lcc-win32*, uno tra i più "puliti" compilatori C per Windows.

L'ambiente da utilizzare per il C ANSI sotto Linux è il pacchetto Gnu C Compiler già presente nelle varie distribuzioni, il debugger[3] GDB e un qualunque editor di testo come ad esempio il **Vi**. Se si volesse installare anche C# sotto Linux è possibile farlo grazie alle numerose versioni dei compilatori esistenti e scaricabili gratuitamente da Internet.

2.4   Installazione e test degli ambienti

C# Express Edition, Lcc e *Visual Basic 6* si installano sotto Windows esattamente come una qualunque altra applicazione.

Se si dispone del CD è sufficiente inserirlo nel lettore ed attendere l'avvio del file autopartente di installazione.

Qualora questo non accadesse è sufficiente cliccare sul file *Setup.exe* ed attendere il completamento dell'installazione.

---

[2] Integrated Development Environment
[3] Strumento necessario per la ricerca e la rimozione degli errori (bug).

Per caricare i pacchetti relativi al compilatore C e al debugger sotto Linux è possibile ad esempio utilizzare lo strumento RPM con la consueta sintassi: *rpm –i nomepacchetto.rpm.*

L'editor *Vi* dovrebbe invece essere già presente in qualunque distribuzione di Linux si decida di utilizzare.

2.4.1 Test dei linguaggi sotto Windows

Il seguente test serve per verificare la corretta installazione dell'ambiente di sviluppo sotto Windows. Il lettore è invitato ad eseguirlo anche se per il momento non è ben chiaro il significato delle istruzioni.

Osservazione

Il linguaggio C (in tutte le sue varianti) è case-sensitive: è necessario prestare attenzione ai caratteri maiuscoli e minuscoli in quanto hanno significato diverso.

Si apra l'ambiente di sviluppo cliccando sull'item *Microsoft Visual C#.* Dopo pochi secondi di configurazione iniziale si dovrebbe aprire una finestra simile a quella mostrata in figura.

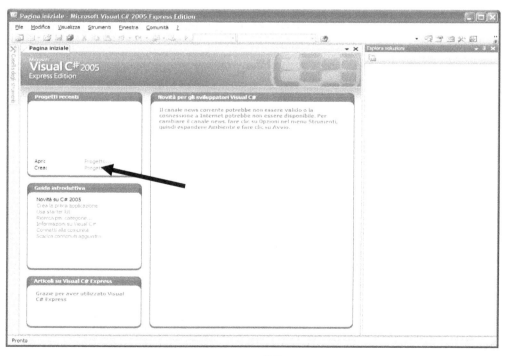

Si faccia un clic su *Crea Progetto* e si scelga *Applicazione Console* scrivendo *PrimaApplicazione* nel campo nome.

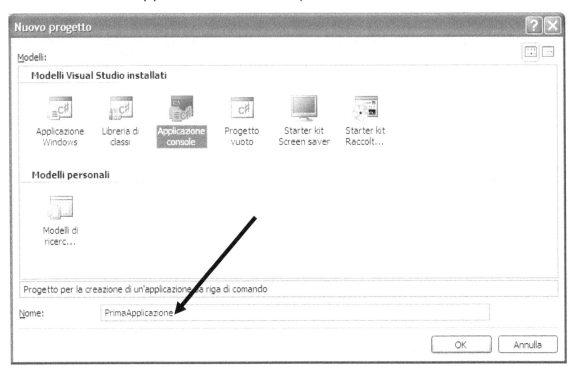

Cliccando su *OK* si dovrebbe aprire l'IDE di Visual C#, come mostrato in figura.

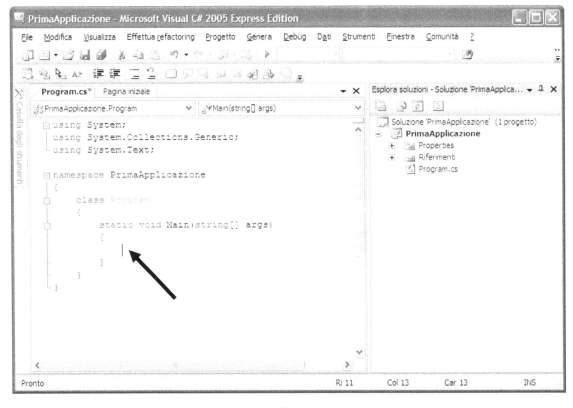

Tutto ciò che si deve fare è copiare il listato seguente all'interno delle parentesi graffe relative al metodo Main, prestando attenzione a non cancellare queste parentesi e rispettando le maiuscole/minuscole.

```
Console.WriteLine("Test eseguito!\nPremi invio per terminare");
Console.ReadLine();
```

Prima di procedere con il test è opportuno personalizzare l'ambiente di sviluppo includendo la *finestra errori* che serve appunto per mostrare gli errori presenti nel programma.

Per fare questo è sufficiente cliccare sulla voce di menù *Visualizza* e poi su *Elenco errori*, come mostrato in figura.

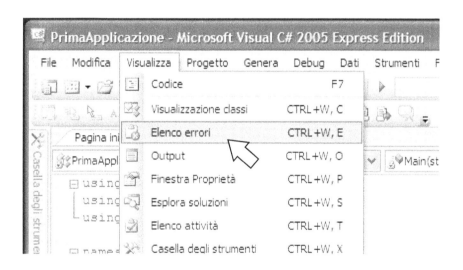

Il nuovo aspetto dell'IDE dovrà essere simile al seguente.

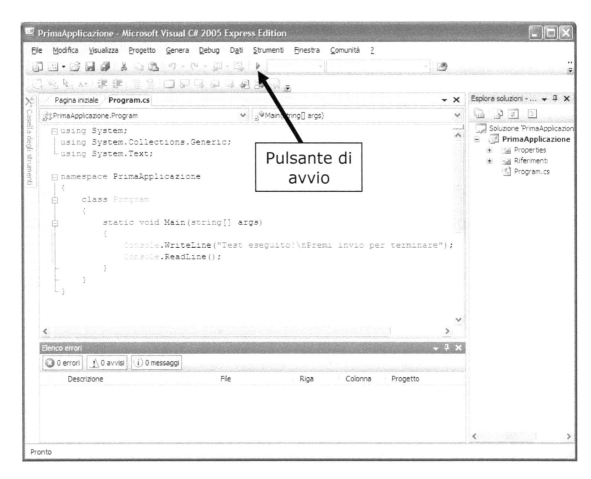

Per completare il test è necessario avviare la compilazione[4] e l'esecuzione del programma la quale può essere avviata in diversi modi.

Cliccando ad esempio sul pulsante di avvio, partono contemporaneamente sia la compilazione che l'esecuzione del programma.

Se non si sono verificati errori si dovrebbe ottenere il seguente risultato.

---

[4] La compilazione è il processo di traduzione del programma dal linguaggio di programmazione al linguaggio macchina e sarà discusso in seguito.

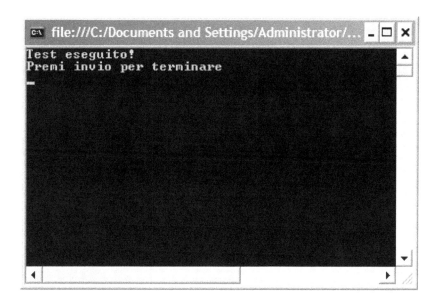

Premendo il pulsante *invio* l'elaborazione termina.

Se si sono verificati degli errori è necessario rivedere attentamente quanto scritto e controllare di non aver dimenticato ad esempio il carattere ";" alla fine di ogni riga.

Se tutto è andato a buon fine significa che l'ambiente è installato correttamente e pronto all'uso ed il test è terminato.

Consigliato I.T.C.

Analogamente si avvii l'ide di VB6 e si crei un nuovo progetto Exe standard, come mostrato nelle seguenti figure.

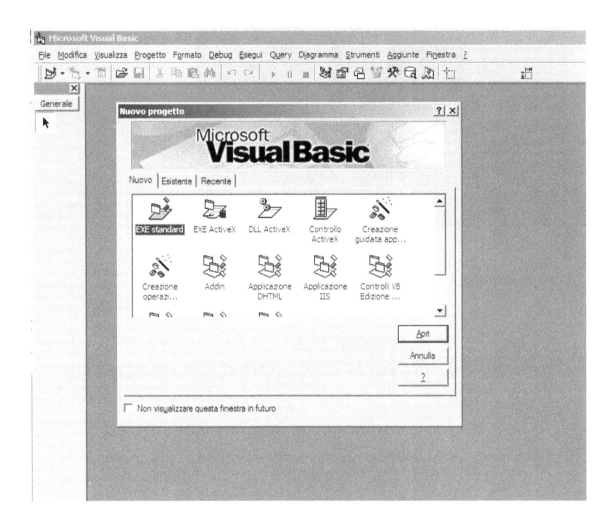

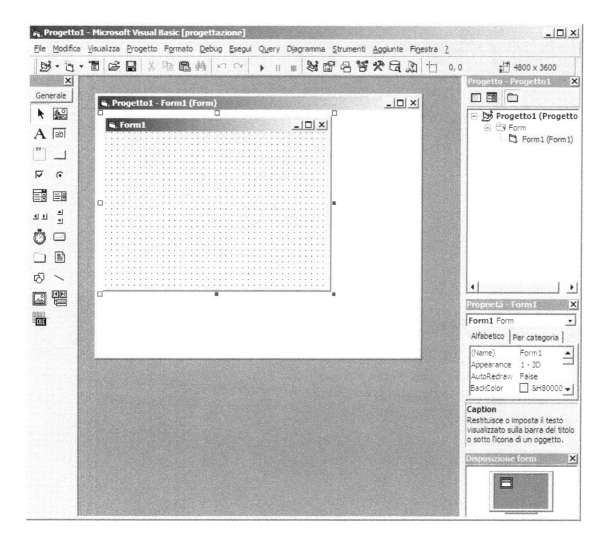

Come si noterà, l'ambiente VB6 predilige le applicazioni visuali con finestre, pulsanti ed altri controlli grafici. Tali controlli sono visibili a sinistra della finestra di progettazione. La programmazione con Visual Basic è un susseguirsi di eventi (come il clic del mouse) e risposte ad eventi. Per il momento non è necessario sapere altro. Si posizioni il puntatore del mouse all'interno della finestra grigia con i puntini (Form1) e si faccia un doppio click veloce con il pulsante sinistro.

L'ambiente mostrerà immediatamente la finestra con il codice Visual Basic per la gestione dell'evento di caricamento, come mostrato in figura.

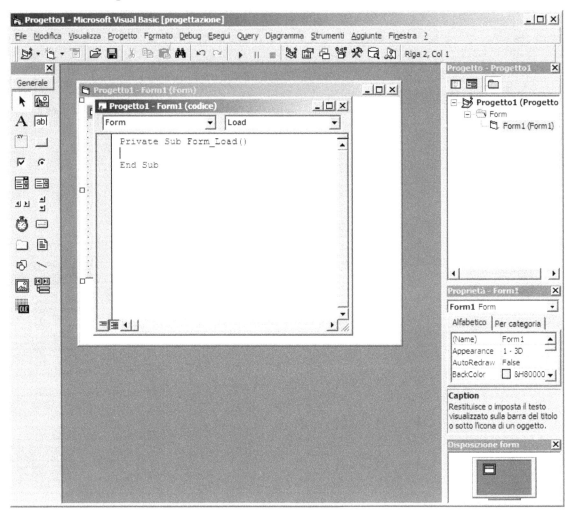

Il cursore lampeggerà all'interno della subroutine *Form_Load()*, prima dell'istruzione di fine routine *End Sub*.

Senza spostare il cursore dalla sua posizione iniziale si scriva la seguente riga di codice:

```
MsgBox ("Prova conclusa")
```

Il codice completo dovrebbe essere il seguente:

```
Private Sub Form_Load()
    MsgBox ("Prova conclusa")
End Sub
```

Come si vede non ci sono le parentesi graffe né il carattere ";" alla fine delle istruzioni, inoltre il linguaggio non è case sensitive, ovvero non ci si deve preoccupare delle maiuscole o minuscole.

Avviando il programma si dovrebbe ottenere un risultato analogo a quello mostrato sotto.

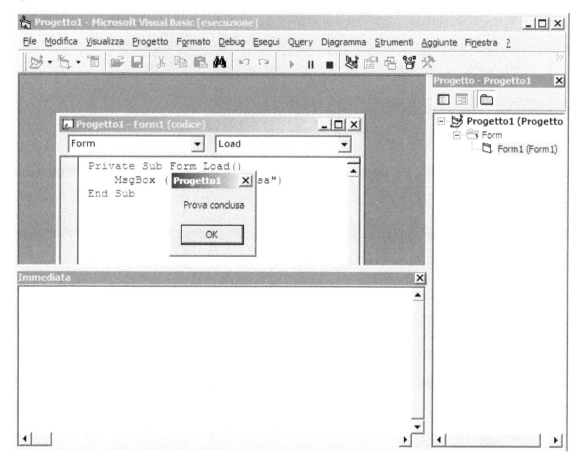

Cliccando sul pulsante OK della finestrella riportante la scritta Prova conclusa, apparirà una finestra (Form) grigia senza nessun elemento al suo interno, come mostrato nella seguente figura.

Se tutto è stato eseguito come suggerito si sarà costruito il primo programma Windows, perfettamente funzionante ma che non esegue alcun compito, se non quello di aver permesso il test dell'ambiente di sviluppo.

Sarà chiaro in seguito il significato di questo test. Per il momento si può chiudere l'ambiente senza salvare le modifiche.

Consigliato ITIS

2.4.2 Test del C ANSI sotto Linux

Il seguente test serve per verificare la corretta installazione del compilatore e del debugger, oltre che a prendere confidenza con l'editor *Vi*.

Si apra una finestra terminale e si avvii l'editor digitando **vi** seguito da un nome di file (es. prova.c) e premendo il tasto *invio*.

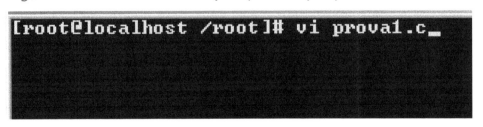

Se la versione di *Vi* è abbastanza recente è possibile abilitare la funzionalità di *highlight*, ovvero la capacità dell'editor di colorare in modo diverso le varie tipologie di parole chiave del C.

Prima di cominciare è necessario spendere due parole sulle modalità d'uso dell'editor *Vi*.

Vi supporta tre modalità di funzionamento, ovvero:

- modalità di comando;
- modalità di inserimento (testo);
- modalità due punti.

La modalità comando è quella in cui ci si trova immediatamente all'avvio dell'editor o dopo aver premuto il tasto *Esc* della tastiera.

In questa modalità è possibile impartire dei comandi all'editor per fargli svolgere determinati compiti.

Ad esempio per far transire l'editor in modalità di inserimento è possibile impartire il comando **i** seguito da invio.

Da questo momento in poi ogni carattere digitato finirà all'interno dell'editor.

Per uscire dalla modalità inserimento è sufficiente premere il tasto *Esc*.

La modalità due punti (:) permette di eseguire comandi interni all'editor semplicemente scrivendoli dopo il carattere ":" e i comandi di shell (quindi esterni all'editor) semplicemente facendoli precedere da un punto esclamativo.

Per passare alla modalità due punti si deve tornare alla modalità comando e inserire il carattere due punti digitando appunto il carattere ":".

Si provi a scrivere la seguente riga di comando dall'interno dell'editor

:! ls -a

premendo invio si vedranno tutti i file e le directories contenute nella posizione del filesystem in cui ci si trova, proprio come se si fosse eseguito il comando da una finestra terminale esterna.

Bene, ora che è chiaro il funzionamento di base dell'editor si può iniziare a personalizzarlo.

Si attivi la caratteristica *highlight* digitando il seguente testo in modalità due punti:

syntax on

Per testare il compilatore si scriva ora il seguente programma in modalità inserimento:

```
#import<stdio.h>
int main()
{
    printf("Test eseguito\n");
    return (0);
}
```

Per salvare il file si deve riportare l'editor in modalità due punti e dare il comando di scrittura, ovvero: **w** seguito da invio.

L'effetto dell'attivazione della sintassi colorata è mostrato nella seguente figura.

```
VIM - ~/prova1.c                                    _ □ X

#include <stdio.h>

int main()

{

    printf("Test eseguito");

    return(0);

}

█
~
~
~
~
~
~
"prova1.c" 8L, 77C written
```

Dopo aver completato le operazioni indicate è possibile compilare il programma *prova1.c* per generare un vero file eseguibile.

La compilazione può essere avviata sia da dentro l'editor (ricordate modalità due punti e punto esclamativo) che da una qualsiasi finestra terminale.

Comunque si decida di operare il comando è il seguente:

gcc *prova1.c* **–o** *prova1exe*

Il parametro *–o* consente di specificare un nome a piacere per il file eseguibile che sarà generato dal compilatore.

Per chiudere *Vi* si deve digitare il comando **q** in modalità due punti.

Per mandare in esecuzione il programma è sufficiente digitare il nome del suo eseguibile in una finestra terminale, eventualmente facendolo precedere dal pathname completo (es.: /root/prova1exe). Se tutto ha funzionato per il meglio si dovrebbe ottenere un output simile a quello mostrato in figura.

Il test del debugger per il momento sarà limitato alla sua chiamata; si digiti il seguente comando in una finestra terminale:

gdb */root/prova1exe*

e si verifichi l'avvio dell'ambiente di debugging, osservando il prompt che deve mostrare (gdb).

Digitando il comando **run** si dovrebbero ottenere un certo numero di informazioni aggiuntive sullo stato di elaborazione.

2.4.3 Test del C ANSI sotto Windows

Si avvii l'ambiente Lcc-win32 e si scriva il nome *test* nella prima casella di testo, si indichi la cartella di lavoro nella seconda casella e si indichi nella terza casella la cartella che conterrà gli eseguibili generati.

Osservazione

È necessario creare preventivamente le cartelle che saranno indicate nelle caselle di testo del form iniziale.

Si scelga *Console application* e si clicchi infine sul pulsante *Create*, come mostrato in figura.

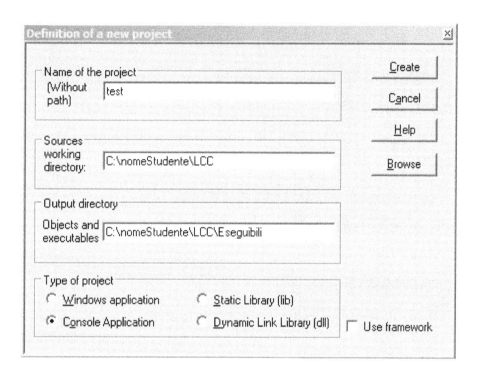

A questo punto si provi a completare il test eseguendo sperimentalmente tutte le scelte che propone l'ambiente di sviluppo e si cerchi di ripetere il test eseguito sotto Linux, cercando di capire cosa succede.

Per il momento il test si conclude qui, così come la messa a punto degli strumenti.

Più avanti seguirà una trattazione più approfondita sull'uso dei debugger sia sotto Windows che sotto Linux.

3. Algebra di Boole

L'algebra di Boole (o algebra booleana) prende il nome dal suo ideatore, il matematico inglese George Boole (1815 – 1864) ed è un sistema algebrico che sta alla base del funzionamento del calcolatore elettronico.

Si tratta di un sistema di calcolo logico basato su due soli valori di verità *vero/falso* (indicati anche con 1/0) corrispondenti nei circuiti elettronici dei calcolatori alla presenza/assenza di segnale elettrico in un determinato punto.

Formalmente l'algebra booleana è identificata dalla sestupla:

(B, AND, OR, NOT, 0, 1)

dove B è l'alfabeto dei simboli formato dai simboli {0,1}, AND e OR sono due operazioni binarie (cioè che accettano due operandi), definite sugli elementi di B, NOT è un'operazione unaria (un solo operando), 0 è l'elemento neutro per l'operazione OR e 1 è l'elemento neutro per l'operazione AND.

Le operazioni dell'algebra booleana godono di alcune proprietà, approfondite in seguito nel testo, che permettono di trattare con rigore matematico tutte le questioni di logica che prima della formalizzazione di Boole erano dominio della filosofia.

3.1 La logica delle proposizioni

È utile ai fini di una corretta comprensione dei problemi di logica, iniziare la trattazione attraverso quello che viene chiamato *calcolo delle proposizioni*.

Definizione

Una **proposizione** (o enunciato dichiarativo) è una configurazione linguistica che ha la caratteristica di essere vera o falsa.

Una frase, per essere considerata una proposizione, deve avere un senso compiuto e deve essere possibile attribuirle univocamente e senza ambiguità il valore vero o falso.

Per semplicità si assegnerà un nome simbolico alle proposizioni (P1, P2, etc.) in modo da compattare lo spazio necessario per scrivere le operazioni tra esse.

Si considerino ad esempio le seguenti proposizioni:

P1=*Oggi piove;*

P2=*La neve è bianca;*

P3=*Il sole è nero;*

P4=*L'Informatica è amata dagli studenti.*

P1 è vera solo nel caso in cui nel momento in cui la si legge (oggi) stia effettivamente piovendo; P2 è vera; P3 (fortunatamente) è falsa. Il lettore attribuisca un valore di verità alla proposizione P4.

Esercizio

Formulare alcune proposizioni logiche

3.1.1 La negazione di proposizioni

Operare con le proposizioni può sembrare a prima vista semplice e intuitivo ma questo non deve generare un atteggiamento superficiale perché non sempre tutto è così intuitivo come sembra.

Inoltre non bisogna dimenticarsi che la logica è fondamentale per la comprensione dell'informatica ed è necessario impadronirsi di questi concetti prima di proseguire lo studio degli algoritmi e dei linguaggi di programmazione.

Per toccare subito con mano quanto appena detto, cerchiamo di negare una banale proposizione come ad esempio la proposizione P2 (La neve è bianca) in modo da invertirne il significato.

Capita che alcuni lettori a questo punto formulino la proposizione:

La neve è nera.

Per capire se questa è la risposta giusta si osservi attentamente le seguenti figure, la prima rappresentante i colori dell'iride, il bianco e il nero, la seconda il bianco e il non-bianco.

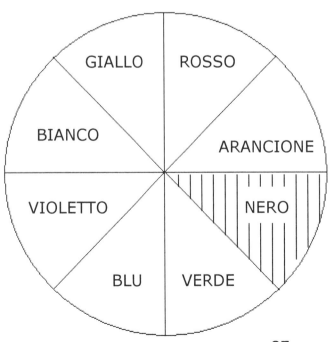

Osservazione

Non basta dire che la neve è nera per negare (invertire) la proposizione P2. La neve infatti può essere non-bianca in tanti altri modi, non solo essendo nera (ad es. può essere rossa).

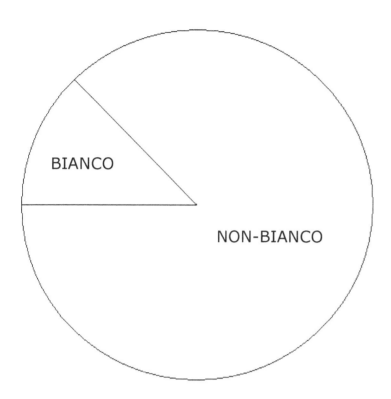

Dalle figure si capisce che la proposizione *La neve è nera* non è sufficiente per negare la proposizione *La neve è bianca,* infatti rappresenta solo una negazione parziale della proposizione P2.

In altre parole dire che la neve è nera non è abbastanza "forte" per cogliere la totalità degli altri casi che, insieme, rappresentano la vera negazione della proposizione di partenza.

La seconda delle due figure mostra quanto sia più grande l'insieme dei colori che negano la proposizione P2. Questi sono tutti i colori diversi dal bianco, compreso il nero.

Allora la negazione corretta per la proposizione P2 è:

La neve non è bianca.

Il precedente esempio mostra come procedere ogni qualvolta ci si trovi a dover negare delle proposizioni. Negare una proposizione riferita ad un particolare valore di proprietà significa assumere che possano verificarsi tutti gli altri casi, escluso quello che si sta negando.

Esercizio: negare le seguenti proposizioni

P1 Tutte le rose sbocciano in primavera.
P2 I funghi spuntano solo quando piove.
P3 Tutte le auto funzionano a combustione.
P4 Pierino si lava i denti tutti i giorni.
P5 In inverno piove almeno un giorno alla settimana.
P6 Ogni gallina fa l'uovo la mattina.
P7 In ogni coppia uno dei due partner a volte si annoia.
P8 Se il sole la sera è rosso, l'indomani è sempre una bella giornata.
P9 Ogni studente che studia viene promosso senza debiti.
P10 Esiste una scuola dove si è promossi senza studiare.

3.1.2 Effetti della negazione nei quantificatori

Le proposizioni possono contenere dei quantificatori (tutte, per ogni, esiste...) che rendono l'operazione di negazione meno intuitiva.

Si pensi ad esempio alla proposizione P1 del precedente esercizio: *Tutte le rose sbocciano in primavera*.

Anche in questo caso qualche lettore potrebbe essere tentato di formulare la negazione della proposizione nel seguente modo:

Nessuna rosa sboccia in primavera.

Così facendo si commetterebbe un errore in quanto si trascurerebbero tanti altri casi, come mostrato nella figura sotto.

P1 =

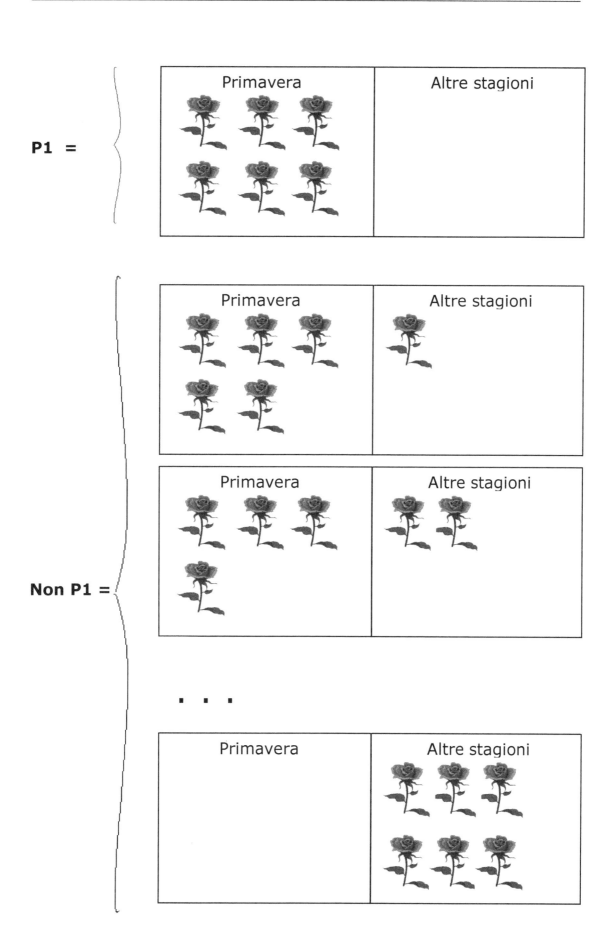

Non P1 =

Dalla figura precedente si intuisce come sia sufficiente che una sola rosa non sbocci in primavera per negare la proposizione, infatti se una rosa non sboccia in primavera non è vero che tutte le rose sbocciano in primavera.

Stessa cosa dicasi se due rose non sbocciano in primavera, se tre rose non sbocciano in prima vera e così via fino al caso in cui nessuna rosa sboccia in primavera.

Questo ultimo caso rappresenta dunque una sola delle tante possibili configurazioni che negano la proposizione di partenza.

Allora, la negazione corretta della precedente proposizione è:

Esiste almeno una rosa che non sboccia in primavera.

Osservazione

Non c'è una vera e propria regola per la negazione di proposizioni con quantificatori ma si può notare che quando si nega una proposizione che contiene il quantificatore "*per ogni*" o "*per tutti*", la proposizione negata contiene spesso il quantificatore "*esiste*" insieme alla frase "*almeno un caso per cui non vale…*". Viceversa, negando una proposizione contenente "*esiste*" si ottiene una proposizione che probabilmente contiene "*per ogni*" o "*per tutti*".

Per verificare questa pseudo-regola si negherà la seguente proposizione:

P=*Tutti gli alunni che si iscrivono in quinta superano l'esame di stato*

Sostituendo il quantificatore universale *tutti (che è equivalente concettualmente a per ogni)* con "*esiste almeno uno*" si ottiene:

Non P= *Esiste almeno un alunno che si iscrive in V che non supera l'esame di stato.*

Osservazione

Spesso i quantificatori sono sottointesi e possono trarre in inganno. Si consideri ad esempio la proposizione: *I funghi spuntano quando piove*; questa frase sottintende il quantificatore *Tutti*. Allo stesso modo è possibile omettere il quantificatore nelle risposte degli esercizi quando non ci sono rischi di ambiguità. Nell'esempio precedente si poteva formulare la negazione nel seguente modo: *Almeno un alunno che si iscrive in V non supera l'esame di stato.*

Nel precedente esempio potrebbero esserci uno, due, tre, quattro,.., al limite tutti gli alunni che si iscrivono in V che non superano l'esame di stato.

Anche in questo caso l'intuito poteva trarre in inganno suggerendo come negazione:

"*Nessun alunno che si iscrive...*"

ma con questa formulazione si sarebbe commesso l'errore discusso in precedenza e si sarebbero trascurati numerosi altri casi.

Esercizio

Alla luce delle nuove considerazioni negare le proposizioni dell'esercizio precedente e negare anche le seguenti:

P1 In ogni compagnia c'è sempre almeno un guastafeste.
P2 Quando la luna cala le maree di tutti i continenti si abbassano.
P3 Esiste un'automobile che non funziona a combustibile.
P4 Pierino si lava i denti almeno una volta al giorno.
P5 In inverno piove ogni giorno.
P6 Qualche gallina fa le uova di mattina.
P7 Chi beve la birra mangia anche le patatine.
P8 Tutte le eclissi solari sono totali.
P9 C'è qualche studente che non ha voglia di studiare.
P10 Tutti gli studenti non hanno voglia di studiare.

Finora si è discusso di logica in termini di proposizioni; il prossimo passo sarà quello di utilizzare il formalismo di Boole e di enunciare e verificare le varie proprietà di cui godono le operazioni.

Come nell'algebra classica, si farà uso di variabili (A,B,X,Y,..., etc) le quali potranno assumere esclusivamente il valore 0 (detto valore falso o F) e il valore 1 (detto valore vero o T).

Quando il contesto lo renderà interessante le variabili saranno associate a delle proposizione (come nella logica classica) altrimenti il significato delle variabili stesse non sarà preso in considerazione.

Ci si concentrerà insomma sulle regole e sui meccanismi dell'algebra booleana senza che sia necessario, per effettuare il calcolo, conoscere altre informazioni.

3.2.1 Connettivi e operatori logici

Nel linguaggio naturale esiste un certo insieme di congiunzioni, disgiunzioni, negazioni, che consentono di legare fra loro frasi semplici (o atomiche) per ottenere frasi più complesse.

Questi connettivi, che nell'algebra di Boole prendono il nome di *operatori logici*, sono proprio gli operatori con i quali si faranno i calcoli.

3.2.1.1 L'operatore binario AND

Questo operatore, chiamato anche prodotto logico o operatore di congiunzione ha come simbolo il "·" oppure il "^" e viene utilizzato proprio come la congiunzione "e" (in inglese appunto *and*).

L'operatore è binario perché accetta due operandi.

Per comprenderne il funzionamento si supponga di acquistare un sistema per il Totocalcio che garantisca la colonna con 12 risultati utili se si verificano le seguenti condizioni:

"Si devono indovinare 11 risultati nella colonna base e il Cagliari deve vincere contro la Fiorentina".

Questa proposizione si può riscrivere utilizzando l'operatore di disgiunzione:

"Si devono indovinare 11 risultati nella colonna base AND il Cagliari deve vincere contro la Fiorentina".

Analizzando la proposizione risultante è evidente che affinché il risultato sia vero, cioè affinché si riesca a vincere con il 12, devono essere vere entrambe le singole proposizioni, ovvero devono essere corretti gli 11 risultati e contemporaneamente il Cagliari deve vincere contro la Fiorentina.

Si può osservare che se solo una delle due condizioni non è vera, allora non è vera nemmeno la proposizione risultante.

Inoltre a maggior ragione il risultato è falso quando sono false entrambe le proposizioni.

È utile vedere anche quest'altro esempio; si supponga di andare a giocare al casinò di Montecarlo e di presentarsi al tavolo della roulette giocando la seguente combinazione:

"si vince se il numero estratto è nero e dispari"; questa frase si trasforma in "si vince se il numero estratto
è nero AND dispari".

È evidente che perché il risultato sia vero (cioè per poter vincere) è necessario che si verifichino entrambe le
condizioni insieme: il numero estratto deve essere nero e contemporaneamente deve essere dispari.

Se una sola delle due condizioni non si verifica, allora non si vince, così come non si vince se entrambe le condizioni non si verificano.

Per rappresentare gli operatori logici è utile servirsi di uno strumento chiamato **tabella (o tavola) di verità**.

La tabella di verità è la semplice elencazione del risultato dell'operazione per ogni possibile configurazione delle variabili operando.

La seguente figura mostra la tabella di verità relativa all'operatore AND.

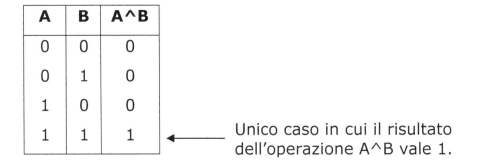

A	B	A^B
0	0	0
0	1	0
1	0	0
1	1	1

Unico caso in cui il risultato dell'operazione A^B vale 1.

Come si vede dalla figura, l'operazione di congiunzione assume valore di verità 1 (vero) se e solo se entrambi gli operandi valgono 1.

Osservazione

Spesso il simbolo del prodotto logico non viene indicato, proprio come succede nella notazione matematica, dove l'operazione X·Y può essere scritta come XY.

3.2.1.2 L'operatore binario OR

Questo operatore, chiamato anche somma logica è l'operatore di disgiunzione e traduce l'italiano "o", "oppure" e simili.

Il suo simbolo è "+" oppure "v" che ricorda l'iniziale del "vel" latino che esprimeva la disgiunzione debole o non esclusiva. In altre parole il risultato dell'operazione è vero se almeno uno dei due operandi è vero, non escludendo il caso in cui entrambi gli operandi sono veri, condizione che continua a generare un risultato vero.

Il seguente esempio dovrebbe chiarire meglio il concetto.

Sia P la seguente proposizione:

"Sono ammessi al concorso odierno i laureati in Fisica o in Informatica", associando all'essere ammessi il valore di verità 1 (vero) e al non essere ammessi il valore 0 (falso).

Se un candidato ha la laurea in Fisica, cioè verifica una delle due condizioni, allora è ammesso al concorso, ovvero il risultato di tutta la proposizione è vero.

Stessa cosa si può dire se si presenta un candidato con la laurea in Informatica.

Ora, la non esclusività dell'operatore, fa si che anche un candidato in possesso di entrambe le lauree possa essere ammesso al concorso.

Come ulteriore esempio si cerchi di valutare la seguente composizione di proposizioni:

"Ogni volta che un atleta si allena o gli viene sete oppure gli viene fame".

L'affermazione è vera quando un atleta che si è appena allenato avverte della sete ed è ancora vera se l'atleta avverte della fame. Per quanto detto prima la proposizione risulta essere ancora vera anche se l'atleta avverte sia sete che fame.

Da questi esempi si può estrapolare la tabella di verità per l'operatore OR:

A	B	AvB
0	0	0
0	1	1
1	0	1
1	1	1

Come si vede dalla tabella l'unico caso che rende falso il risultato dell'operazione è quello dato dagli operandi contemporaneamente falsi.

3.2.1.3 L'operatore unario NOT

Questo operatore è l'operatore di negazione logica e si applica ad un solo operando, come già visto precedentemente in occasione dei problemi derivanti dalla negazione di proposizioni.

Il risultato dell'operazione di negazione è l'inverso rispetto al valore dell'operando: se l'operando ha valore 1 la sua negazione avrà valore 0 e viceversa.

Il simbolo di questo operatore è "$\neg$" (ma anche $\sim$, oppure un trattino sopra l'operando, es. $\overline{X}$).

La seguente figura mostra la tabella di verità per l'operatore NOT.

A	$\neg$ A
0	1
1	0

Nel prossimo paragrafo saranno discusse le proprietà dell'algebra booleana, ma prima di trattare queste proprietà è necessario spendere due parole su come devono essere eseguiti i calcoli in termini di precedenze degli operatori.

Come nell'algebra classica, le parentesi forzano l'ordine di esecuzione delle operazioni, quindi ciò che si trova dentro parentesi dovrà essere svolto per primo.

Successivamente si procede da sinistra a destra eseguendo tutte le negazioni, poi le operazioni di prodotto logico (AND) ed infine le operazioni di somma logica (OR).

Ad esempio A $\wedge$ $\neg$ (B $\vee$ C) deve essere risolta nel seguente modo:

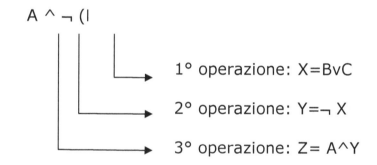

Come esempio si risolverà l'espressione

A $\vee$ B $\wedge$ C $\vee$ $\neg$ A

Osservazione
Nel testo si useranno indifferentemente i simboli o il nome delle operazioni logiche.

Si inizia di disegnando la tavola di verità con tutte le possibili combinazioni (ordinate) dei valori per le tre variabili A, B, C.

Da quanto discusso in precedenza segue che la prima operazione da eseguire è ¬ A, la seconda è B^C e le ultime due sono i due OR.

A	B	C	X ¬ A	Y B·C	Z A+Y	K Z+X
0	0	0	1	0	0	1
0	0	1	1	0	0	1
0	1	0	1	0	0	1
0	1	1	1	1	1	1
1	0	0	0	0	1	1
1	0	1	0	0	1	1
1	1	0	0	0	1	1
1	1	1	0	1	1	1

Dalla tavola risulta che l'espressione:

A ∨ B ∧ C ∨ ¬ A = 1 per ogni valore di A, B, C.

A questo risultato si poteva arrivare anche senza effettuare alcun calcolo ma utilizzando le proprietà che saranno discusse nel prossimo paragrafo.

Esercizio

Risolvi le seguenti espressioni logiche

1. A AND B OR C AND A
2. A AND (B AND C OR A)
3. A AND NOT A OR NOT B
4. B OR C AND C OR NOT A
5. (A AND B) OR (A AND NOT B) OR NOT C
6. NOT(NOT(NOT(NOT A)))
7. NOT A OR NOT B OR NOT C AND A AND B AND NOT C
8. C AND NOT C
9. C OR NOT C AND A OR NOT A OR B
10. NOT(NOT(A AND B OR C)AND NOT A)
11. A AND A AND B OR B AND C OR NOT C
12. NOT (A AND B)
13. NOT (A OR B)
14. NOT A OR NOT B
15. NOT A AND NOT B
16. NOT (A AND B) AND NOT (NOT A OR NOT B)
17. NOT (A OR B) OR (NOT A AND NOT B)
18. A AND NOT B AND C OR NOT C AND B
19. A AND NOT A
20. B OR NOT

3.3 Proprietà dell'algebra di Boole

I seguenti enunciati rappresentano assiomi e teoremi fondamentali dell'algebra booleana.

Conoscere queste proprietà è importante in quanto rappresentano gli strumenti e i rudimenti per il ragionamento logico sul quale si fonda l'informatica.

Identità di base			
1	X ∨ 0 = X	X ∧ 1 = X	Esistenza elem. Neutro
2	X ∨ 1 = 1	X ∧ 0 = 0	Somma-prodotto per costante
3	X ∨ X = X	X ∧ X = X	Idempotenza
4	X ∨ $\overline{X}$ = 1	X ∧ $\overline{X}$ = 1	Esistenza dell'inverso
5	$\overline{\overline{X}}$ = X		Involuzione della negazione

Proprietà fondamentali			
6	X+Y = Y+X	X·Y = Y·X	Commutativa
7	X+(Y+Z)=(X+Y)+Z	X· (Y·Z)=(X·Y) ·Z	Associativa
8	X·(Y+Z)=X·Y + X·Z	X+Y·Z=(X+Y)·(X+Z)	Distributiva
9	X·(X+Y)=X	X+X·Y=X	Assorbimento
10	$\overline{X+Y}$ = $\overline{X}$·$\overline{Y}$	$\overline{X + Y}$ = $\overline{X·Y}$	De Morgan

Principio di dualità
Ad ogni eguaglianza data è equivalente l'eguaglianza ottenuta dalla prima sostituendo i valori 1 con i valori 0 (e viceversa), gli operatori OR con gli operatori AND (e viceversa). Es: se vale l'eguaglianza: **1 ∧ 0 = 0 ∨ 0** allora vale anche: **0 ∨ 1 = 1 ∧ 1**

Ognuno dei teoremi indicati nelle tabelle è facilmente dimostrabile mediante l'uso delle tavole di verità.

Per esempio, l'esistenza dell'elemento neutro per la somma (1):

X ∨ 0 = X

si dimostra con la seguente tavola di verità

X	0	Xv0
0	0	0
1	0	1

Come si può notare, la colonna Xv0 ha gli stessi valori della colonna X, ovvero X e Xv0 sono la stessa cosa, perciò la dimostrazione è conclusa.

Per fare un altro esempio si dimostrerà ora la proprietà distributiva (8).

$$X \cdot (Y+Z) = X \cdot Y + X \cdot Z$$

Lo svolgimento di questo calcolo avviene indicando nella tavola di verità tutte le possibili combinazioni di valori per le variabili in gioco e, in ordine, le singole operazioni, rinominando (per comodità) le singole operazioni con lettere diverse da quelle presenti nell'espressione, come indicato nella seguente tavola di verità.

X	Y	Z	A (Y+Z)	B X·A
0	0	0	0	0
0	0	1	1	0
0	1	0	1	0
0	1	1	1	0
1	0	0	0	0
1	0	1	1	1
1	1	0	1	1
1	1	1	1	1

=

X	Y	Z	A X·Y	B X·Z	C A+B
0	0	0	0	0	0
0	0	1	0	0	0
0	1	0	0	0	0
0	1	1	0	0	0
1	0	0	0	0	0
1	0	1	0	1	1
1	1	0	1	0	1
1	1	1	1	1	1

Come si può notare i valori delle colonne evidenziate sono gli stessi, perciò l'equivalenza è dimostrata.

Per compattare lo svolgimento di questo tipo di esercizi è possibile accorpare le due tavole in modo da non dover riscrivere i singoli valori di X,Y,X, come mostrato nella seguente figura.

X	Y	Z	A (Y+Z)	B X·A	C X·Y	D X·Z	E C+D
0	0	0	0	0	0	0	0
0	0	1	1	0	0	0	0
0	1	0	1	0	0	0	0
0	1	1	1	0	0	0	0
1	0	0	0	0	0	0	0
1	0	1	1	1	0	1	1
1	1	0	1	1	1	0	1
1	1	1	1	1	1	1	1

Tra le varie proprietà elencate in tabella, le **Leggi di De Morgan** meritano un discorso a parte.

Questi teoremi infatti garantiscono che le operazioni effettuabili mediante l'operatore AND possono essere effettuate utilizzando l'operatore OR, mediante opportune trasformazioni.

Questo fatto ha numerose implicazioni nella progettazione delle reti logiche nei circuiti digitali infatti permette al progettista di scegliere liberamente quali porte logiche utilizzare.

Non ci si addentrerà ulteriormente in questo campo in quanto dominio del corso di Sistemi.

Esercizio

1. Dimostra tutte le proprietà dell'algebra booleana.

2. Utilizza queste proprietà per trasformare le seguenti espressioni (da OR a AND e da AND a OR)

a) A AND B AND C
b) A AND (B AND C AND A)
c) A AND NOT A AND NOT B
d) B OR C OR NOT A
e) A AND B
f) A OR B
g) C AND NOT C
h) C OR NOT C
i) NOT(NOT(A AND NOT B)
l) NOT(NOT(NOT A OR B)

3. Risolvi, utilizzando le proprietà, gli esercizi del precedente paragrafo e confronta i risultati con quelli ottenuti precedentemente.

4. Algoritmi, flusso e formalismo

Finora non si è discusso di programmazione ma si è portato il lettore a ragionare e ad impadronirsi dei concetti logici che sono alla base dell'informatica.

D'ora in avanti si affronteranno i paradigmi di modellazione e programmazione applicati alla formulazione e rappresentazione di algoritmi risolutivi per un problema dato.

4.1 Concetto di algoritmo

Si utilizzerà la seguente definizione di algoritmo:

Un algoritmo è una sequenza finita (con un inizio e una fine) di passi elementari utili per la risoluzione di una classe di problemi; è bene tenere sempre presenti i seguenti aspetti:

- *i passi devono essere elementari (non scomponibili in sottopassi);*
- *l'algoritmo deve terminare in un tempo ragionevole (calcolabilità);*
- *devono essere prese in considerazione tutte le possibili direzioni di avanzamento (esaustività);*
- *ripetendo il procedimento con dati di ingresso uguali, anche i risultati devono essere uguali (determinismo)".*

Per comprendere meglio questo concetto sarà discusso un algoritmo (universalmente) adottato per la preparazione di una portata a base di pasta.

Si suppongano elementari i seguenti passi:

1) inizio

2) verso l'acqua nella pentola

3) posiziono la pentola sul fornello

4) accendo il gas

5) metto il sale nell'acqua

6) guardo l'acqua

7) se l'acqua non bolle faccio trascorrere un certo periodo di tempo *t1* e ripeto il punto 6)

8) se l'acqua bolle metto la pasta nell'acqua e faccio trascorrere un certo tempo *t2*

9) assaggio la pasta

10) se la pasta non è cotta faccio trascorrere un certo tempo *t3* e ripeto il punto 9)

11) se la pasta è cotta la faccio scolare

12) verso la pasta nel vassoio di portata

13) condisco la pasta

14) porto la pasta a tavola

15) fine.

Nell'individuazione dei passi elementari sono stati supposti "abbastanza" elementari passi del tipo 4) "accendo il gas" che altrimenti si sarebbero potuti scomporre in:

4.1) applico una moderata pressione sulla manopola del gas

4.2) ruoto la manopola di 180° in senso orario

4.3) prendo l'accendigas

4.4) aziono l'accendigas

4.5) controllo se il gas è acceso

4.6) se il gas non è acceso ripeto il punto 4.4

4.7) se il gas è acceso ripongo l'accendigas

Come è facile intuire anche ognuna delle sotto-azioni elencate potrebbe essere scomposta in azioni ancora più elementari ma, grazie al fatto che il precedente algoritmo dovrà essere eseguito da una persona e non da un microprocessore, si possono considerare "abbastanza" elementari tutti i passi elencati.

Un altro esempio di algoritmo si ha analizzando i passi compiuti da un sistema di controllo per l'accensione delle luci di una città; in questi sistemi l'accensione è determinata dal superamento di una certa soglia di luminosità, rilevata da una particolare fotocellula.

Anche lo spegnimento è determinato dal valore di intensità luminosa rilevato dallo stesso sensore.

Si supponga che all'inizio dei tempi[1] i lampioni cittadini siano spenti (è giorno).

1) Inizio (accensione del sistema)

2) eseguo una lettura di luminosità dalla fotocellula

3) controllo se il cielo è abbastanza buio (tramonto)

4) se il cielo non è buio ripeto il punto 2)

5) se il cielo è buio accendo i lampioni

6) eseguo un'altra lettura della fotocellula

7) controllo se il cielo è abbastanza luminoso (alba)

---

[1] Con questa frase si intende il momento iniziale preso in considerazione per l'analisi di un determinato problema.

8) se non è luminoso torno al punto 6)

9) se è luminoso spengo i lampioni

10) torno al punto 2)

11) fine (spegnimento del sistema)

Come si vede questo algoritmo esegue continuamente il controllo sulla luminosità e conseguentemente modifica lo stato dei lampioni (accesi/spenti).

In questi casi si dice che si è in presenza di un "ciclo" infinito per cui potrebbe non essere evidente l'effettivo rispetto delle regole discusse in precedenza. Il lettore provi a modificare l'esempio precedente formalizzando un algoritmo nel senso appena discusso (senza cicli infiniti) inserendo il controllo sullo stato di attivazione del sistema, ovvero inserisca il controlo che dice: se il sistema è acceso allora... altrimenti....

Esercizio: formalizzare i passi elementari per i seguenti problemi

E1 Eseguire un sorpasso in motorino.
E2 Farsi la barba (per i maschietti).
E3 Prepararsi per uscire la sera (per le signorine).
E4 Fare una doccia.
E5 Mangiare in pizzeria.
E6 Gestire un passaggio a livello.
E7 Riparare una ruota forata della bicicletta.
E8 Atterrare con un aereo.
E9 Imparare l'informatica.

4.2 Dai linguaggi naturali al diagramma di flusso

Gli algoritmi visti in precedenza sono stati volutamente rappresentati mediante sequenze di passi (quasi) elementari descritti in un linguaggio parlato (l'italiano).

Questa prassi è quella più intuitiva e ha un'importanza fondamentale in quanto permette di descrivere una prima soluzione al problema e al tempo stesso consente di orientarsi nel contesto in cui il problema è inserito.

Quando un problema è ben individuato e si è riusciti ad individuare i passi risolutivi dell'algoritmo, le fasi successive diventano delle semplici traduzioni verso il linguaggio di programmazione impiegato.

D'altra parte una non corretta individuazione dei passi risolutivi ha come risultato la scrittura di un programma non funzionante o che non fa quello che dovrebbe fare, a prescindere dal linguaggio di programmazione utilizzato.

Le lingue parlate con le loro ambiguità[2] non sono lo strumento migliore per descrivere algoritmi i quali devono essere univocamente interpretabili senza possibilità d'errore.

A causa dell'importanza della corretta rappresentazione degli algoritmi è stata introdotta una tecnica di formalizzazione chiara e concisa che permette di realizzare schemi validi universalmente: i diagrammi di flusso.

Un diagramma di flusso può a prima vista apparire molto complicato ma, se si presta attenzione, è facile convincersi che non è altro che la traduzione in uno schema logico dei passi elementari descritti in un linguaggio, come visto negli esempi precedenti.

4.3 I simboli del diagramma di flusso

---

[2] Si pensi ad es. alla seguente frase: "Porta S.Cristina" in cui il termine "Porta" può essere inteso come sostantivo o come verbo.

Innanzitutto è necessario imparare l'alfabeto dei simboli, analogamente a quanto accade quando si impara a scrivere e a leggere.

I cinque principali simboli del diagramma di flusso, ognuno di essi con un preciso significato, sono mostrati nella seguente figura.

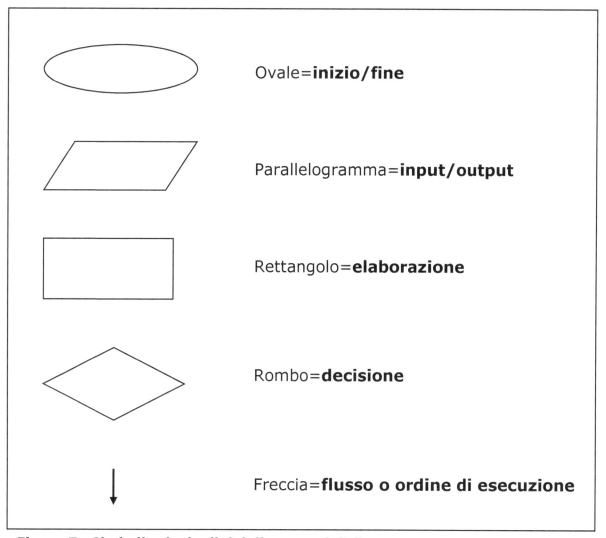

Figura 7. Simboli principali dei diagrammi di flusso.

Per apprezzare la capacità espressiva di questo formalismo si costruirà, passo dopo passo, il diagramma di flusso relativo all'algoritmo della pasta descritto in precedenza.

La prima operazione consiste nel disegnare l'ovale che rappresenta l'inizio del diagramma con una freccia diretta verso la successiva operazione;

Adesso di tratta di modellare il passo "verso l'acqua nella pentola"; questa è una operazione di normale elaborazione e per la sua rappresentazione si utilizzerà il rettangolo di elaborazione.

Il passo successivo rappresenta ancora una elaborazione:

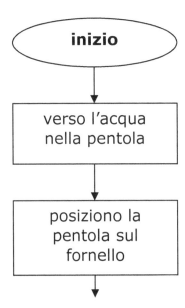

Anche i passi di accensione del gas e di salatura dell'acqua possono essere intesi come passi elementari di elaborazione

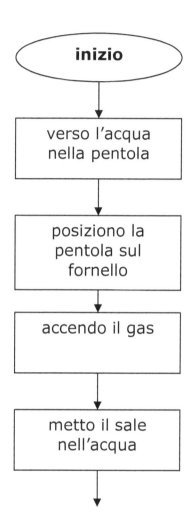

Il passo successivo invece si differisce da quelli analizzati finora. Osservare l'acqua infatti denota la necessità di leggere un' informazione proveniente dal mondo esterno; devono cioè giungere all'interno dell'algoritmo le informazioni relative allo stato dell'acqua.

Queste operazioni si chiamano operazioni di "input" o di "ingresso" proprio per sottolineare il fatto che le informazioni del mondo esterno "entrano" all'interno dell'algoritmo.

Per le operazioni di input si utilizza l'apposito simbolo grafico, ovvero il parallelogramma.

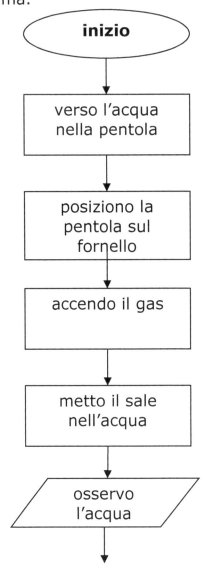

A questo punto si deve operare una scelta in relazione al fatto che l'acqua stia bollendo oppure no.

Il simbolo che descrive lo scenario di scelta (o selezione) è il rombo.

Questo simbolo riveste un'importanza fondamentale e, come si vedrà in seguito, rappresenta un costrutto di base della programmazione.

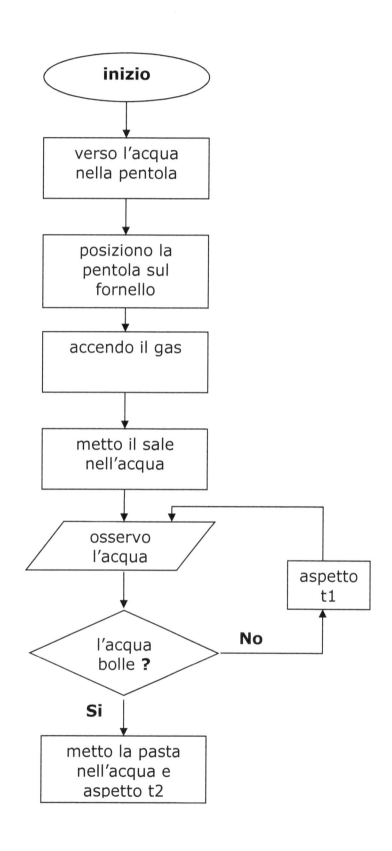

Ora che il procedimento è chiaro si può completare il diagramma in modo che contenga tutti i passi dell'algoritmo.

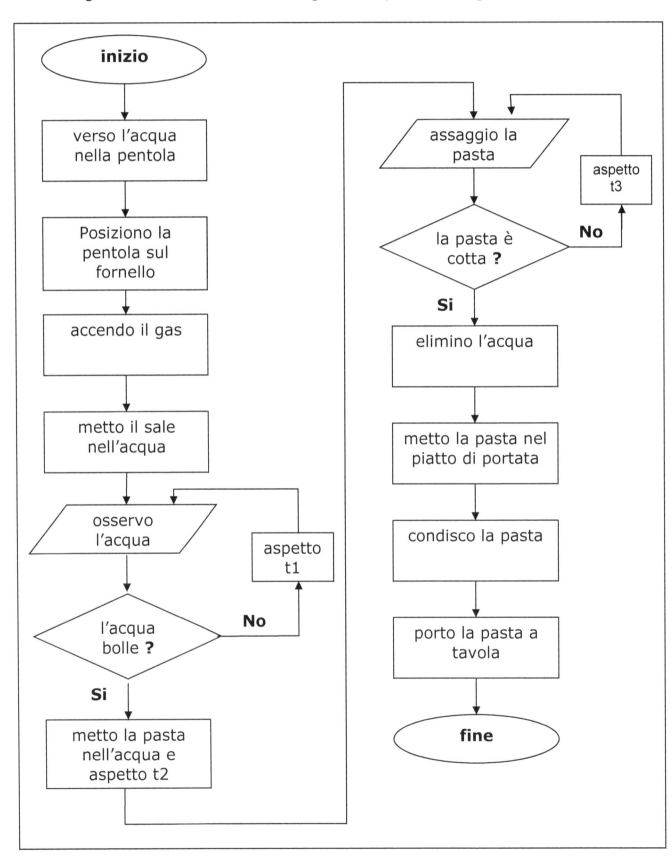

4.4 Correttezza, efficienza e chiarezza

Quando si cerca la soluzione algoritmica ad un problema, e dunque ci si accinge a realizzare il programma che implementa l'algoritmo risolutivo, è necessario rispettare i seguenti vincoli (in ordine di priorità):

- Correttezza;
- Efficienza;
- Chiarezza;

Il primo è un requisito fondamentale affinché la soluzione trovata sia di qualche utilità.

Dire che un algoritmo è corretto significa certificare il fatto che il suo utilizzo può portare esclusivamente risultati corretti.

Questa affermazione è tutt'altro che scontata. Spesso, la complessità del problema porta a scrivere algoritmi complessi e laboriosi per i quali non è banale dimostrarne la correttezza.

Inoltre, a partire da algoritmi corretti è possibile ottenere implementazioni (programmi) non corretti.

Per questo motivo è necessario effettuare test unitari e di sistema durante la fase di sviluppo, in modo da verificare il funzionamento del programma verificando prima le singole parti.

Anche così facendo non ci sono in generale garanzie sulla totale correttezza di un programma complesso, ma le probabilità che questo sia corretto aumentano in modo considerevole.

Il secondo requisito è fondamentale per garantire l'utilità stessa del programma: l'efficienza.

È chiaro che se un programma che risponde in modo errato è di scarsa utilità, è analogamente di scarsa utilità è un programma che risponde correttamente ma in tempi non accettabili.

Si consideri, ad esempio, il programma che calcola l'angolo di discesa dello Shuttle: questo programma effettua in tempo reale numerose letture dei parametri esterni (angolo di discesa, velocità di avvicinamento al suolo, attrito aerodinamico, distanza dalla pista etc.) e, in base ai dati raccolti, modifica flaps, alettoni e timone di coda e accende i retrorazzi per riallineare la navicella in modo da tenerla sempre all'interno della rotta di atterraggio ottimale.

Se un simile programma impiegasse anche solo un minuto per effettuare i calcoli non sarebbe più utile a nessuno: lo shuttle, che in fase di rientro viaggia a 28080 km/h, in un minuto percorrerebbe 468 km, quanto basta (e avanza) per schiantarsi al suolo prima ancora che il calcolatore di bordo abbia completato i calcoli.

Il terzo requisito è divenuto fondamentale dopo che, negli anni, si è capita l'importanza di avere programmi chiari e leggibili in modo da poterli integrare o modificare, o semplicemente nel caso in cui sia necessario rimetterci mano per cercare eventuali errori.

Una delle voci di spesa "dolenti" nelle software house[3] riguarda infatti il tempo impiegato per apportare modifiche o cercare e correggere errori in programmi scritti tanto tempo prima.

Agli inizi delle attività di sviluppo sw, infatti, non si metteva in conto la necessità di chiarezza e di documentazione del software, ma ogni programmatore procedeva autonomamente, con il suo stile e con le proprie convenzioni, senza produrre la documentazione adeguata.

---

[3] Azienda produttrice di software

Così facendo si creavano programmi poco chiari e poco leggibili che ne tempo presero il nome di "spaghetti software".

Operare in un simile programma richiede degli sforzi enormi ed un enorme impegno di risorse, con conseguente lievitazione dei costi.

Al giorno d'oggi la produzione del software è regolata dagli assiomi dell'Ingegneria del Software, scienza che studia il modo migliore per sviluppare un programma affinché, per tutta la sua vita, risulti facilmente manutenibile e modificabile.

Esercizio: disegnare i diagrammi di flusso per i seguenti algoritmi

E1 Seguire una lezione.
E2 Eseguire un sorpasso in motorino.
E3 Farsi la barba (per i maschietti).
E4 Prepararsi per uscire la sera (per le signorine).
E5 Farsi una doccia.
E6 Mangiare in pizzeria.
E7 Gestire un passaggio a livello.
E8 Riparare una ruota forata di bicicletta.
E9 Atterrare con un aereo.
E10 Imparare l'informatica.
E11 Gestire l'illuminazione pubblica.
E12 Spiega i motivi della necessità di *correttezza* in un programma.
E13 Spiega i motivi della necessità di *efficienza* in un programma.
E14 Spiega i motivi della necessità di *chiarezza* in un programma.

5. Il sistema di elaborazione

Il calcolo automatico nasce in Italia dopo la seconda guerra mondiale, anche se nel 1709 un certo G.Polemi (Padova) applicando una sorta di pendolo alla macchina di Leibniz ottenne una macchina meccanica in grado di effettuare moltiplicazioni e divisioni in modo automatico mediante somme e sottrazioni successive.

Nell'estate del 1954 Enrico Fermi viene in Italia per partecipare alle conferenze della Scuola Internazionale di Fisica di Varenna e, scrive al Rettore dell'Università di Pisa consigliandolo di investire denaro e risorse nella ricerca sui calcolatori elettronici e nel progetto di una macchina da costruire in Italia, come mostrato nella seguente immagine contenente questo suggestivo documento.

```
                              Pera di Fassa (Trento) 11 Agosto 1954

Prof. Avanzi
Magnifico Rettore
Università di Pisa


Caro Professore,

        in occasione del mio soggiorno alla Scuola di Varenna i
professori Conversi e Salvini mi hanno accennato la possibilità
che l'Università di Pisa possa disporre di una somma veramente
ingente destinata a favorire il progresso e lo sviluppo della
ricerca in Italia.

        Interrogato circa le varie possibilità di impiego di tale
somma, quella di costruire in Pisa una macchina calcolatrice
elettronica mi è sembrata, fra le altre, di gran lunga la migliore.

        Essa costituirebbe un mezzo di ricerca di cui si avvantaggereb-
bero in modo, oggi quasi inestimabile, tutte le scienze e tutti gli
indirizzi di ricerca.

        Mi consta che l'Istituto per le Applicazioni del Calcolo,
diretta dal prof. Picone, ha in corso di acquisto una macchina
del genere . Non mi sembra però che questa circostanza diminuisca il
bisogno che di tale macchina verrà ad avere un centro di studi
come l'Università di Pisa. L'esperienza dimostra che la possibilità
di eseguire con estrema speditezza e precisione calcoli elaborati
 crea ben presto una sì grande domanda di tali servizi che una
macchina sola viene presto saturata. A questo si aggiungono i vantaggi
che ne verrebbero agli studenti e agli studiosi che avrebbero modo
di conoscere e di addestrarsi nell'uso di questi nuovi mezzi di
calcolo.

        Con molti cordiali e distinti saluti.


                              (Enrico Fermi)
```

Da allora numerosi passi avanti sono stati fatti, sia in termini di tecnologia dei semiconduttori che di architettura dei sistemi di elaborazione.

5.1 Esecutori sequenziali

Un sistema di elaborazione è un esecutore sequenziale dotato di stato (memoria) in grado di fornire risposte in output in relazione ai segnali in ingresso ed allo stato attuale della sua memoria interna.

In altre parole, il valore in uscita da una macchina sequenziale a stati, non dipende esclusivamente dal valore presente in ingresso ma anche dallo stato attuale del sistema.

Per fare un esempio si considerino le due espressioni indicate in tabella e la sequenza dei passi necessari per il loro calcolo.

a) 21+5		b) 21*5	
Azione	**Output**	**Azione**	**Output**
Inserisco il valore 21	Null	Inserisco il valore 21	Null
Inserisco l'operatore +	Null	Inserisco l'operatore *	Null
Inserisco il valore 5	*26*	*Inserisco il valore 5*	*105*

L'ultima riga mostra come pur fornendo in ingresso lo stesso valore (5), le elaborazioni a e b producano risultati differenti. Questo fatto si spiega appunto considerando l'esecutore come una macchina dotata di memoria o stato.

Il modello matematico che meglio descrive questo tipo di esecutori è l'**automa a stati finiti**.

Un automa a stati finiti può essere rappresentato da un insieme di nodi rappresentanti gli stati interni, e da un insieme di archi che collegano i nodi e che rappresentano le transizioni tra stati. I valori in ingresso sono indicati sopra gli archi mentre gli stati di accettazione (stati finali per i quali la risposta dell'automa è positiva) sono indicati da nodi concentrici.

Il seguente esempio mostra un automa che risponde in modo affermativo se il numero di uno presenti in una sequenza binaria è pari.

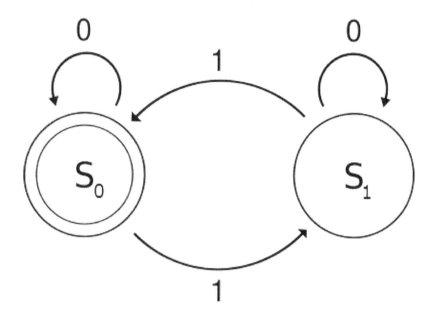

S_0 è lo stato iniziale ed è anche lo stato di accettazione infatti in una sequenza vuota c'è un numero pari di uno (la presenza di zero uni è un numero pari).

Se ci si trova nello stato S_0 ed arriva in ingresso un 1 si transisce nello stato S_1.

Nel caso in cui la sequenza terminasse così, l'automa si troverebbe in uno stato di non accettazione, ovvero risponderebbe che non c'è un numero pari di 1.

Stessa cosa accadrebbe con la sequenza 111, infatti: il primo 1 fa transire l'automa da S_0 a S_1, il secondo 1 fa ritornare l'automa in S_0, il terzo 1 lo riporta in S_1, come mostrato nella seguente tabella di transizione:

Stato precedente	Ingresso	Stato finale
S_0	1	S_1
S_1	1	S_0
S_0	1	S_1

Si provi per esercizio a valutare, mediante il precedente automa, la sequenza 001101010110, costruendo la tabella di transizione.

Per gli scopi di questo testo non è necessario addentrarsi nella teoria degli automi ma il lettore dovrebbe sempre tenere presente che ogni calcolatore, anche il più evoluto, si comporta proprio come un insieme di automi sequenziali.

5.1.2 L'architettura di un calcolatore

Potrà sembrare strano ma i moderni calcolatori si basano su un'architettura progettata dal matematico informatico ungherese John von Neumann, nel 1947, che per primo capì l'importanza di caricare dati e istruzioni nella memoria centrale.

La seguente figura illustra una semplice schematizzazione dell'architettura di Von Neumann.

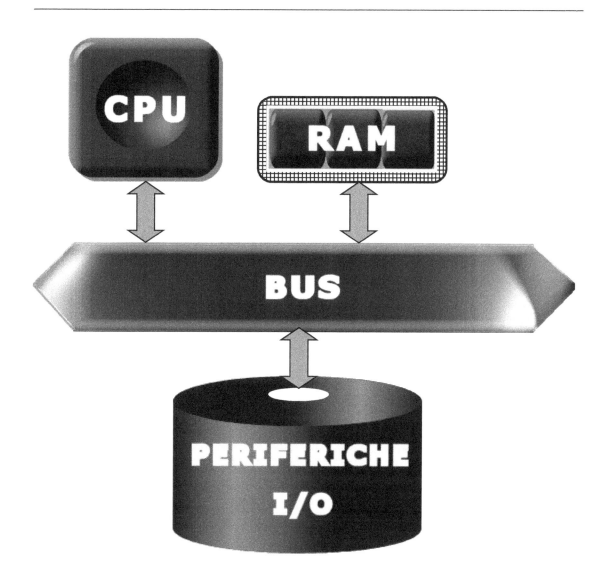

5.1.2.1 La CPU (Central Processing Unit)

La CPU, chiamata anche **microprocessore** è l'unità che si occupa di eseguire materialmente i calcoli e di coordinare le attività dei componenti interni al calcolatore.

Il microprocessore è composto da una unità di controllo, una unità logico-matematica e dai registri di memoria interni ad accesso velocissimo, tra i quali PC (program counter) contenente l'indirizzo della prossima istruzione da eseguire, e IR (Instruction Register) che contiene l'istruzione che deve essere eseguita.

Il microprogramma perennemente in esecuzione nella CPU può essere schematizzato dal seguente diagramma:

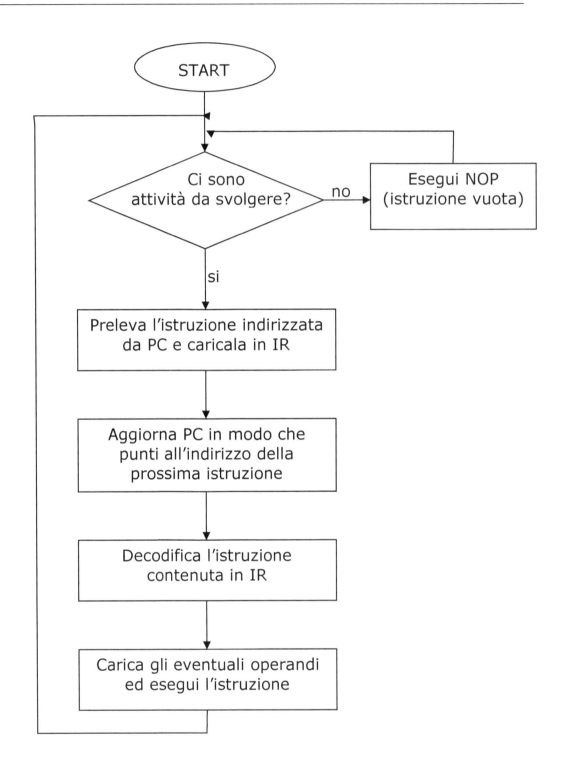

5.1.2.2 La RAM (Random Access Memory)

La Random Access Memory (RAM), è la memoria principale dei calcolatori.

Questa memoria si dice "volatile", perché è in grado di mantenere le informazioni solo quando è sottoposta ad alimentazione.

La dicitura "memoria ad accesso casuale" deriva dal fatto che è possibile leggere i dati in modo diretto, senza dover rispettare un determinato ordine, come ad esempio avviene per un nastro magnetico quando il dato da leggere si trova infondo al nastro, inoltre il tempo di accesso ai dati contenuti in RAM è costante e non dipende dalla posizione che il dato occupa nel supporto.

La RAM è una sequenza di celle di memoria (dette parole), tutte della stessa dimensione.

Ogni cella è costituita da una sequenza di bit il cui numero (lunghezza della parola di memoria) dipende dall'elaboratore, ed è un multiplo di 8.

Si accede ad ogni cella in modo univoco specificando il suo indirizzo.

Ciò che rende la RAM insostituibile è la sua capacità di permettere letture e scritture in modo semplice ed estremamente rapido.

5.1.2.3 Il Bus di sistema

Il Bus di sistema è una struttura ottimizzata per il trasferimento parallelo di dati e informazioni (attualmente si arriva a 128 bit).

Il Bus è composto da tre parti:

1. Bus indirizzi: questo sottosistema dispone di k linee parallele ed è in grado di indirizzare in un singolo colpo di clock 2^k celle[1];

2. Bus dati: questo sottosistema ha un numero di linee parallele uguale alla lunghezza di una parola di memoria;

3. Bus di controllo: trasferisce i comandi ed i segnali di controllo tra le varie unità.

Osservazione

L'uso del Bus è conteso tra il microprocessore ed i vari dispositivi perciò esiste un **arbitro del bus** che si occupa di assegnare il bus, con una certa politica di priorità, al device che ne fa richiesta.

5.1.2.4 Periferiche di I/O

Le periferiche di Input/Output sono tutti quei dispositivi come stampante, tastiera, mouse, scanner, monitor, etc. che permettono al calcolatore di scambiare informazioni con l'esterno.

Le periferiche di ingresso servono per fare "entrare" le informazioni dall'esterno (vd. tastiera, mouse etc.) mentre le periferiche di uscita servono per comunicare all'esterno i risultati delle elaborazioni (vd. stampante, monitor, etc.).

Da notare che nell'architettura originale di Von Neumann, anche il dispositivo di memoria di massa rientrava tra le periferiche di I/O.

Oggi, con la gerarchizzazione della memoria, la memoria centrale è estesa da una **memoria virtuale** che risiede nel disco fisso.

La memoria virtuale è dunque uno spazio del disco rigido "mascherato" da RAM che, in caso di superamento dello spazio

---

[1] Questo perchè il massimo numero esprimibile con k bit è 2^k-1 perciò considerando anche lo zero si possono avere esattamente 2^k indirizzi differenti.

disponibile in memoria centrale, accoglie alcuni dati e istruzioni che vengono trasferiti nell'HD, all'insaputa dei programmi in esecuzione.

Questa tecnica prende il nome di Swapping e nonostante risolva il problema dello spazio in memoria, degrada fortemente le prestazioni a causa della lentezza delle operazioni di lettura e scrittura nell'HD rispetto a quelle nella RAM.

Inoltre esistono memorie più vicine al processore ed estremamente veloci (cache) in grado, attraverso un'opportuna politica di gestione, di mantenere "a portata di mano" i dati più frequentemente utilizzati, in modo da velocizzare l'elaborazione complessiva.

Esercizi

1. Spiega cosa si intende per *sistema di elaborazione*.
2. Spiega cosa è lo *stato* di un sistema di elaborazione.
3. Da cosa dipende il valore in uscita di una machina sequenziale a stati?
4. Quale modello matematico si utilizza per descrivere le macchine sequenziali? Come funziona?
5. Fornisci un esempio di macchina sequenziale in grado di riconoscere una sottosequenza di 3 zeri consecutivi all'interno di una sequenza binaria; usa il modello matematico per descrivere tale esecutore.
6. Spiega cosa è una tabella di transizione.
7. Spiega perché Von Neumann ha un ruolo così importante nelle attuali tecnologie informatiche.
8. Descrivi l'architettura di calcolatore proposta da Von Neumann.
9. Descrivi cosa è, come è fatta e come funziona la CPU.
10. Indica le caratteristiche principali della memoria RAM.
11. Descrivi il BUS di sistema e spiega il suo funzionamento.
12. Quante celle di memoria è possibile indirizzare con 16 bit?
13. Cosa si intende per periferiche di I/O?
14. Elenca le periferiche di Input che conosci.
15. Elenca le periferiche di Output che conosci.
16. Spiega cosa è una parola di memoria.
17. Spiega cosa è la memoria virtuale.
18. Elenca vantaggi e svantaggi della tecnica di *swapping*.

5.2 Il sistema operativo

La complessità dell'**hardware**[2] del calcolatore e l'innumerevole quantità di dettagli necessari per il corretto funzionamento dello stesso, ne renderebbero l'uso incredibilmente complesso al punto che nessun utente sarebbe in grado di ottenere qualche risultato.

Durante l'esecuzione di un qualunque programma, infatti, si dovrebbe tener conto esplicitamente di tutti i dettagli di elaborazione e ci si dovrebbe confrontare esclusivamente con interminabili sequenze di uni e di zeri.

Inoltre, la velocità potenziale di un sistema che funziona a regime, non sarebbe nemmeno lontanamente raggiungibile in quanto sarebbe l'uomo, con i suoi tempi, a gestire ogni richiesta del processore e delle periferiche.

Fortunatamente esiste un particolare strato **software**[3], sempre in esecuzione sui calcolatori, che si preoccupa di interagire direttamente con l'hardware e che si occupa di una uso corretto ed efficiente delle risorse fisiche (processore, memorie, periferiche etc.).

Questo strato, detto anche **software di base** prende il nome di **sistema operativo**.

La maggior parte dei programmi interagisce proprio con il sistema operativo e questo si occupa di invocare funzioni via via sempre a più basso livello fino ad interagire direttamente con l'hardware del calcolatore, come mostrato nella seguente figura.

---

[2] Hardware (o hw), in inglese letteralmente "ferramenta" è tutto ciò che riguarda le parti fisiche di un calcolatore: schede, cpu, ram, periferiche, etc..

[3] Software, a differenza dell'hw rappresenta i programmi e la loro logica, perciò non è riferito a qualcosa di fisico.

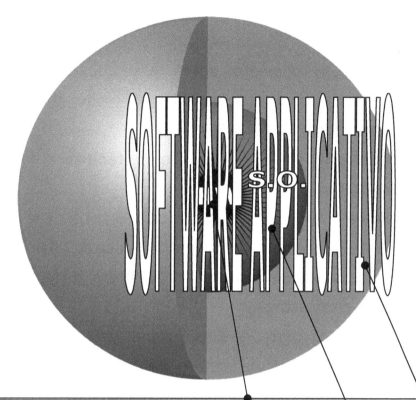

Circuiti elettronici, schede, memoria, processore, etc.

È il livello di SW che interagisce direttamente con l'hw e che si occupa di un uso corretto ed efficiente delle risorse fisiche (processore, memorie, periferiche etc.)

È il livello di SW con cui interagisce l'utente e comprende programmi di ogni genere (Giochi, Word, Excell etc.).

5.2.1 Compiti e funzioni del sistema operativo

Uno dei compiti del SO è quello di **permettere l'esecuzione dei programmi**.

Per far questo il SO deve caricare il codice macchina del programma, che tipicamente risiede su un supporto di memoria di massa, e allocarlo in memoria RAM.

Quando è il momento dovrà preoccuparsi di assegnare il microprocessore a quel programma[4], in modo che questo possa andare in esecuzione.

Altro compito del SO. è quello di **facilitare le operazioni verso i dispositivi di I/O**.

In pratica è lui che interagisce con le periferiche (es. modem, reti, stampanti...) facendosi carico di tutti i dettagli fisici, che conosce perfettamente in quanto presenti nei **drivers** delle periferiche che devono essere stati installati.

Così facendo mette a disposizione degli altri programmi le operazioni di lettura/scrittura ad alto livello che possono essere usate senza che questi ultimi debbano conoscere i dettagli tecnici della periferica che utilizzano.

Un altro utile servizio messo a disposizione dal SO è quello relativo all'**archiviazione affidabile di dati e programmi**.

L'utente ha una visione astratta della memoria secondaria (File System) e può gestire agevolmente file cartelle ignorando tutti i dettagli legati alla lettura/scrittura dei settori, cilindri, tracce sul supporto fisico (HD) e facendo affidamento sul fatto che gli eventuali errori di I/O saranno gestiti (dietro le quinte) dal sistema operativo.

Uno dei compiti maggiormente gravosi per il SO è quello della **gestione delle risorse**.

È infatti compito del SO ripartire le risorse disponibili (processore, RAM, periferiche) fra le varie applicazioni evitando i

---

[4] In realtà il processore è assegnato ad un programma solo per una piccola frazione di secondo, successivamente è assegnato, a rotazione, agli altri programmi in attesa di essere eseguiti.

malfunzionamenti che si verificherebbero con il loro uso contemporaneo.

Per fare un esempio si pensi a cosa potrebbe succedere se due programmi come Word e un web browser inviassero contemporaneamente i dati alla stampante: la stampa che si otterrebbe sarebbe un miscuglio dei due flussi e sarebbe si poca utilità.

Oltre a ciò è sempre compito del SO ottimizzare le prestazioni generali del sistema di elaborazione, facendo delle scelte che permettano di sfruttare al meglio tutte le parti del computer.

Infine, compito non meno importante dei sistemi operativi è quello di **gestire malfunzionamenti** rilevando e risolvendo situazioni anomale.

Un esempio di cui si è già parlato è la gestione dell'archiviazione nel caso in cui un settore del disco rigido non funzioni correttamente.

In questo caso il SO può trasportare automaticamente le informazioni residenti su quel settore da un'altra parte, senza "disturbare" l'utente.

La seguente tabella riporta in sintesi le funzionalità di un SO.

Funzionalità di un sistema operativo
• Permette l'esecuzione dei programmi.
• Facilita le operazioni di I/O.
• Offre un sistema di archiviazione affidabile.
• Gestisce le risorse.
• Gestisce i malfunzionamenti e le anomalie.

5.2.2 I moduli del sistema operativo

Come si può facilmente intuire, il sistema operativo è un software estremamente complesso e la sua realizzazione richiede sforzi enormi.

Si pensi che per la realizzazione di Windows NT prima versione[5] hanno lavorato ininterrottamente per 4 anni 250 persone[6], per un costo totale di 150 milioni di dollari, relativo alle 6 milioni di righe di programma.

Il lettore è invitato a riflettere sul fatto che se questo sistema fosse stato scritto da una sola persona, questa avrebbe dovuto lavorare ininterrottamente per un millennio!.

A causa di questa enorme complessità, la progettazione e realizzazione di questo tipo di software avviene suddividendo il programma complessivo in moduli da implementare separatamente, ognuno dei quali è in grado di gestire un sottoinsieme di funzionalità.

Nei sistemi operativi come UNIX, la suddivisione avveniva per strati concentrici, disposti attorno all'hardware del calcolatore.

In questo modo, lo strato più interno, detto **kernel** (nucleo) ha il compito esclusivo di gestire il processore e di offrire allo strato più esterno una "traduzione" semplificata dei comandi del processore stesso.

In questa tipologia di SO, lo strato esterno al kernel non conosce i dettagli del processore ma interagisce con questo invocando semplicemente comandi del tipo "*somma questi due numeri*", oppure "*esegui questa divisione*", etc.

---

[5] Windows NT 3.1 è il primo sistema operativo Microsoft a 32 bit. La famiglia NT precede di alcuni anni il famoso sistema Windows XP.

[6] Utilizzando una unità di misura diffusa negli ambienti di sviluppo software, si dice che il tempo necessario per lo sviluppo di tale SO è di 1000 anni/uomo.

La seguente figura mostra una schematizzazione di sistema operativo costruito a strati, detto anche sistema "onion ring" (a strati di cipolla).

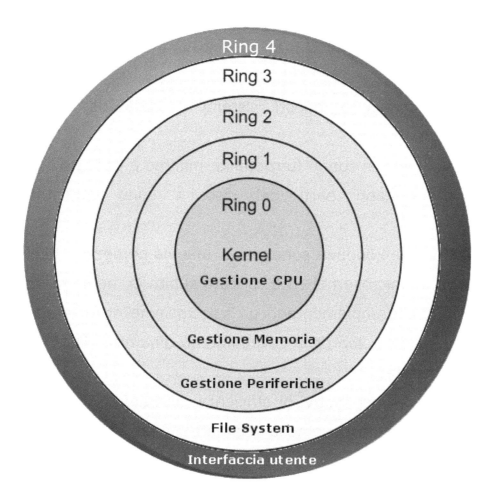

L'interfaccia utente è quel modulo predisposto per interagire con l'utente del sistema.

Questa comprende una shell di comandi e (se previsto) un ambiente desktop visuale, tipicamente organizzato a finestre.

Attraverso questi due componenti è possibile interagire con il SO, dunque con il calcolatore.

Un grosso vantaggio nel costruire i sistemi in questo modo deriva dal fatto che ogni strato conosce solo le funzionalità dello strato sottostante, inoltre quando si effettua una sostituzione dell'hardware (macchina fisica), l'unico strato a dover essere eventualmente modificato o riscritto è il kernel.

I SO come quelli elencati in figura si chiamano anche **monolitici** in quanto il kernel offre una virtualizzazione di tutta la macchina fisica ed in ogni istante tutto il SO è caricato in memoria centrale.

Una alternativa a questi sistemi è data dai sistemi a **microkernel**.

Qui solo il kernel con le funzionalità minime è caricato subito in memoria, le restanti parti del sistema sono caricate solo all'occorrenza.

I sistemi stile Windows sono un po' una via di mezzo. Il kernel è più grande di un microkernel ed è caricato subito in memoria insieme ad altri moduli che implementano un sottoinsieme di funzionalità; il resto risiede su delle librerie a collegamento dinamico (DLL) e viene caricato su richiesta.

Ogni modulo, per motivi di efficienza, interagisce con più di un altro modulo, come mostrato nella seguente figura.

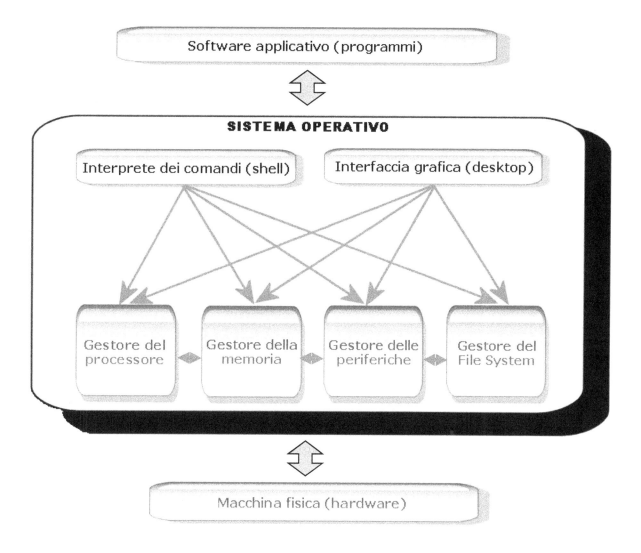

Esercizi

19. Spiega cosa si intende per *hardware* e *software*.
20. Spiega cosa è e a cosa serve il sistema operativo.
21. Descrivi le funzionalità ed i compiti del sistema operativo.
22. Cosa si intende per *software di base*?
23. Cosa sono i file e le cartelle?
24. Quali sono i moduli di un sistema operativo?
25. Quale parte del SO gestisce il microprocessore?
26. Quali sono i vantaggi nel suddividere il sistema operativo in più moduli?
27. Quale modulo del sistema operativo è direttamente visibile agli utenti?
28. Descrivi, con parole tue, il funzionamento di un sistema di elaborazione.

5.3 Compilatori ed interpreti

Nei capp. 3 e 4 sono discussi gli algoritmi[7] e il sistema di elaborazione. Dalla loro trattazione emergono i seguenti aspetti:

- Il microprocessore è in grado di eseguire esclusivamente istruzioni scritte in linguaggio macchina (sequenze di uni e di zeri).

- Gli algoritmi devono essere scritti utilizzando un linguaggio formale (artificiale) privo di ambiguità, in modo che non possano esistere interpretazioni diverse per ogni singola istruzione.

La domanda che a questo punto nasce spontanea è la seguente:

"considerato che il microprocessore esegue solo sequenze di uni e zeri, e l'uomo scrive i programmi usando un linguaggio artificiale incomprensibile al microprocessore stesso, chi si deve preoccupare di tradurre questi programmi per fare in modo che siano capiti anche dalla CPU?"

Fortunatamente, grazie alla regolarità della grammatica, è possibile costruire dei traduttori automatici che prendono in pasto il programma scritto dall'uomo, detto anche **codice sorgente**, e lo trasformano in qualcosa di logicamente equivalente (**codice oggetto**) formato esclusivamente da sequenze di uni e zeri, perciò eseguibile da un microprocessore.

Questa trasformazione può avvenire in due modi sostanzialmente differenti, oppure con modalità miste che coinvolgono entrambe le tecniche.

---

[7] Un algoritmo è la sequenza elementare di passi che devono essere eseguiti per il completamento di un particolare compito. (vd. cap. 3).

5.3.1 I compilatori

I compilatori eseguono la traduzione per intero e solo dopo aver tradotto tutte le istruzioni del programma (in uni e zeri) generano il codice oggetto da mandare in esecuzione.

Questo tipo di traduzione è estremamente efficace in quanto il compilatore può leggere per intero il programma da tradurre riuscendo così ad applicare le migliori tecniche di ottimizzazione possibili.

Un programma compilato risulta essere estremamente efficiente e veloce, inoltre, occupa relativamente poco spazio in memoria.

Per contro, se il programmatore modifica una porzione di programma, sia per correggere un errore, piuttosto che per modificarne alcune caratteristiche, il compilatore deve ripetere il lavoro da capo, con evidenti tempi aggiuntivi.

In altri termini, ogni qualvolta il programmatore modifica il programma, deve rieseguire la compilazione ed attendere che questa sia terminata, prima di poter riavviare l'esecuzione.

Quando le modifiche al codice sorgente sono estremamente frequenti, e quando la velocità di esecuzione dei programmi non è un fattore determinante, può non essere conveniente utilizzare un linguaggio compilato.

5.3.1.1 (I.T.I.S) Funzionamento di un compilatore reale

Il compilatore traduce un programma scritto in un linguaggio ad alto livello, in una sequenza a basso livello pronta per essere elaborata.

Per fare questo deve effettuare un certo numero di manipolazioni sul codice sorgente in modo da raggiungere l'obiettivo nel migliore dei modi.

Il compilatore è diviso logicamente in due blocchi: il **Front-End** o blocco di analisi, ed il **Back-End** o blocco di sintesi.

Nel blocco di analisi si eseguono i controlli elencati nella seguente lista.

1. *Correttezza lessicale del programma*: un analizzatore lessicale chiamato **scanner** verifica che i simboli terminali del linguaggio (parole chiave, operatori logico-aritmetici, variabili, etc.) siano stati scritti correttamente.

2. *Correttezza sintattica*: un riconoscitore sintattico chiamato **parser** genera l'albero sintattico di derivazione relativo al programma che si sta compilando. Se tale albero appartiene alla grammatica del linguaggio di programmazione il risultato è positivo (nessun errore sintassi).

3. *Correttezza semantica*: un analizzatore semantico controlla se alcune caratteristiche semantiche di base sono rispettate oppure no (ad controlla ad sempio che non si sommino numeri a valori booleani etc.).

Al termine di questa prima parte di operazioni viene generato un codice di rappresentazione interna al compilatore e lo si da in ingresso al modulo di sintesi.

Il back-end, invece, analizza il codice intermedio, lo ottimizza cercando di sfruttare al meglio le caratteristiche della macchina e genera il codice oggetto (tipicamente in linguaggio macchina) pronto per essere eseguito.

Se nel programma principale ci sono riferimenti ad altre funzioni o dati presenti in altri file (librerie esterne) è necessaria l'operazione di **linking** effettuata dal **linker**, durante la quale vengono collegati tra loro i vari pezzetti di programma in modo che, durante l'esecuzione, sia sempre noto l'indirizzo di memoria dove cercare tali pezzetti. Il linker è un particolare modulo fornito insieme al compilatore.

La seguente figura mostra la schematizzazione di un compilatore.

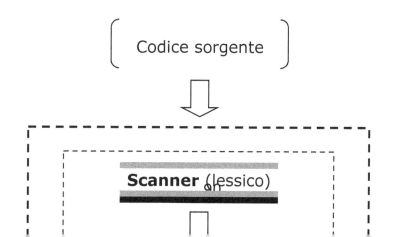

5.3.2 Gli interpreti

Se il compilatore può essere paragonato ad un traduttore in tempo differito (infatti ha bisogno di leggere tutto il programma prima di iniziare la traduzione), l'interprete può essere paragonato ad un traduttore simultaneo.

Ogni istruzione viene infatti tradotta immediatamente e il codice oggetto generato è inviato subito al microprocessore affinché sia subito eseguito.

In questo caso, come succede nelle traduzioni simultanee, non si ha a disposizione tutto il testo da tradurre ed il rischio è quello di ottenere una traduzione non ottimale.

Inoltre, l'esecuzione del programma è più lenta in quanto è necessario prelevare un'istruzione alla volta, tradurla e poi eseguirla.

Nonostante questo i gli interpreti hanno il vantaggio di non richiedere alcun tempo prima dell'avvio del programma.

Infatti non si deve effettuare la compilazione del codice sorgente e questo si ripercuote positivamente nel caso in cui gli interventi al codice sorgente (modifiche, correzioni, integrazioni) siano molto frequenti.

5.3.3 Tecniche miste

Nel 1995 nasce il linguaggio Java grazie al lavoro di un team di sviluppatori della Sun Microsystem.

Questo innovativo linguaggio diventa ben presto uno dei linguaggi di programmazione più diffusi in ambiente Internet grazie alla sua grande portabilità.

Il linguaggio Java è un ibrido tra un compilatore ed un interprete, infatti:

- il codice sorgente viene compilato in un codice intermedio, il bytecode, linguaggio a metà strada tra il java e il linguaggio macchina. La compilazione è molto veloce proprio perché non si deve arrivare a generare il codice macchina ma ci si arresta ad un livello di astrazione ben più alto.
- Il bytecode è interpretato in fase di esecuzione ma, dato che si tratta di codice non troppo distante dalla codifica di macchina, la sua interpretazione è piuttosto efficiente e l'esecuzione è rallentata solo in minima parte.

Il codice intermedio (bytecode) è interpretato ed eseguito da una macchina virtuale in grado di eseguirne ogni istruzione.

Questa macchina virtuale prende il nome di Java Virtual Machine (JVM).

È facile convincersi del fatto che è sufficiente realizzare una macchina virtuale per ogni tipo di sistema esistente per far si che i programmi scritti in java possano "girare" senza problemi in ognuno di essi.

Sfruttando la precedente caratteristica non ha più importanza sapere su quale piattaforma dovrà funzionare il programma, così è indifferente (fatta eccezione per la disponibilità di risorse) scrivere un programma per un mainframe piuttosto che per un pc (Windows/Linux, etc) o per un telefono cellulare.

5.3.3.1 Compilazione con il framework .NET

Un'altra tecnica di compilazione mista è quella utilizzata dal recente linguaggio C#.

In questo caso il codice sorgente è compilato in un codice intermedio chiamato MSIL (Microsoft Intermediate Language), come succedeva con il bytecode del Java.

A differenza della JVM, il codice MSIL è gestito da un o strato software denominato CLR (Common Language Runtime) il quale dispone di numerosi compilatori JIT (Just In Time) in grado di compilare il codice intermedio in linguaggio macchina adatto all'architettura che si sta utilizzando.

L'innovazione dei compilatori JIT rispetto alla JVM riguarda la possibilità di compilare solo la parte di programma che effettivamente deve essere eseguita in quel momento.

In altri termini la compilazione del codice intermedio avviene ("al volo") prima che questo vada in esecuzione la prima volta.

Tutte le altre volte sarà utilizzato il programma precedentemente compilato, con una grande riduzione del tempo di esecuzione e di compilazione.

I programmi scritti in C# sono estremamente efficienti proprio perché non si eseguono interpretazioni del codice ma compilazioni "incrementali" e la compilazione è estremamente rapida perché, come nel java, non si genera immediatamente il codice macchina.

Esercizi

1. Descrivi come riesce il microprocessore ad eseguire un programma scritto in un linguaggio di programmazione diverso dal codice macchina.

2. Spiega cosa si intende per codice sorgente.

3. Spiega cosa si intende per codice oggetto.

4. Spiega cosa si intende per compilatore e descrivi il suo funzionamento.

5. Descrivi il funzionamento di un interprete.

6. Descrivi le differenze tra interpreti e compilatori, indicando anche vantaggi e svantaggi nell'uso delle due tecniche.

7. Descrivi le tecniche di traduzione miste.

8. Illustra la tecnica di traduzione utilizzata nel linguaggio Java e spiega cosa si intende per bytecode.

9. Illustra la tecnica di traduzione utilizzata nel linguaggio C# e spiega cosa si intende per MSIL.

10. Descrivi le analogie e le differenze tra le due precedenti tecniche.

6. La programmazione

Con questo capitolo inizia la trattazione della programmazione intesa in senso operativo.

Da ora in avanti si analizzeranno quelli che sono i rudimenti della programmazione finalizzati alla scrittura di programmi in un determinato linguaggio di programmazione.

I concetti finora trattati si riveleranno di fondamentale importanza per le fasi di analisi e di modellazione dei programmi mentre i concetti che ci si appresta a trattare saranno indispensabili per la comprensione e la scrittura del codice.

È importante non dimenticare i tre principali obiettivi da perseguire durante la scrittura dei programmi, ovvero:

- Correttezza
- Efficienza
- Chiarezza

di cui si è gia discusso nei precedenti capitoli.

Il passaggio dall'algoritmo al programma non è un'operazione proprio banale: le idee risolutive presenti nell'algoritmo devono essere comunicate al calcolatore in modo non ambiguo affinché le istruzioni che le compongono possano essere eseguite dal microprocessore.

Per far questo si deve in qualche modo "tradurre" l'algoritmo per renderlo comprensibile alla macchina.

Grazie all'evoluzione dei linguaggi di programmazione, si possono scrivere i programmi che non si discostano troppo dalla lingua parlata e dai metodi di ragionamento proprio dell'uomo.

È compito degli stessi software quello di effettuare le traduzioni per il particolare microprocessore utilizzato in quel momento.

Così come per far comunicare due persone che parlano lingue diverse si fa ricorso ad un interprete, per far comunicare l'uomo con la macchina si fa ricorso ad un agente traduttore che si occupa di trasformare il testo del programma in istruzioni macchina (sequenze di uni e di zeri), le uniche a poter essere "capite" dal microprocessore.

Il linguaggio di partenza tuttavia non può essere quello parlato, infatti, a causa delle ambiguità intrinseche del linguaggio stesso una frase potrebbe essere interpretata in più di un modo.

Si pensi ad esempio alla frase "porta Santa Cristina": questa frase in italiano è corretta ma il suo significato cambia a seconda che la parola "porta" sia interpretata come un sostantivo (la porta) o come un verbo (portare).

Mentre tra la comunicazione uomo-uomo è tollerata una certa ambiguità (ed anche una certa imprecisione), nella comunicazione uomo-macchina ciò non è assolutamente accettabile.

Allo scopo di eliminare le ambiguità sono stati progettati i linguaggi di programmazione in modo formale e rigoroso (linguaggi formali) a partire da grammatiche definite secondo regole precise e inequivocabili.

Questi linguaggi prendono il nome di **linguaggi artificiali**, proprio per distinguerli dai linguaggi naturali in uso da sempre tra gli uomini.

6.1 Il concetto di tipo

Quando si avvia l'esecuzione di un programma, questo compie un certo numero di "manipolazioni" sulle informazioni (o dati) in suo possesso, allo scopo di ottenere un certo risultato.

Sia i dati che il programma stesso transitano nell'hardware dell'elaboratore come sequenze di segnali elettrici.

La caratteristica fondamentale dell'elaboratore è proprio quella di saper eseguire ad altissima velocità (miliardi di istruzioni al secondo) operazioni su dati che sono rappresentati come lunghe e complesse sequenze di impulsi elettrici.

I linguaggi di programmazione definiti "ad alto livello" come appunto il C[1], permettono al programmatore di esprimere i dati in termini di tipi di dati astratti (ad alto livello), senza preoccuparsi troppo di come questi sono rappresentati a livello fisico dalla macchina.

Definire un tipo di dato significa dunque specificare:

- i valori consentiti per i dati di quel determinato tipo;
- la quantità di memoria necessaria per la loro rappresentazione;
- gli operatori abilitati alle elaborazioni di valori di quel tipo;
- le eventuali relazioni possibili tra valori appartenenti a tipi diversi.

---

[1] Il C ANSI è spesso definito come il linguaggio a più basso livello tra i linguaggi ad alto livello.

Ogni linguaggio di programmazione, oltre a permettere la definizione di nuovi tipi di dato da parte del programmatore, mette a disposizione un certo numero di tipi predefiniti con gli appropriati operatori.

Grazie a questo insieme di tipi di base il programmatore può esprimere le manipolazioni da far eseguire sui suoi dati in termini di questi tipi, piuttosto che in termini della sottostante rappresentazione macchina.

Utilizzare i tipi astratti per la costruzione dei programmi permette inoltre di usufruire di tutti i controlli sulla sicurezza o sulla legittimità delle operazioni, controlli che non sono presenti a livello di rappresentazione macchina.

I tipi di base che ogni linguaggio mette a disposizione comprendono almeno un tipo per trattare i valori numerici ed uno per trattare valori alfanumerici.

Con solo questi due tipi è possibile scrivere qualunque programma, ma non si possono effettuare ottimizzazioni sulle operazioni le quali risulterebbero poco efficienti.

La precedente affermazione si spiega facilmente pensando ad esempio a quanto siano più semplici alcune operazioni tra valori numerici quando è noto che questi non hanno parte decimale, oppure a quanto spazio in memoria si potrebbe risparmiare se si sapesse in anticipo che i valori numerici con i quali si vuole operare non sono più grandi di un byte e così via.

Per questo motivo esistono diversi tipi per rappresentare i valori numerici, ognuno dei quali possiede gli operatori ottimizzati per operare con dati di quel tipo.

Quando si parla di *tipo di un operatore* ci si riferisce evidentemente al tipo degli operandi con i quali questo operatore può lavorare.

6.1.1 Tipi primitivi e tipi derivati

A partire da un insieme di tipi di base, i quali possono essere più o meno numerosi a seconda del linguaggio che si considera, è possibile costruire i cosiddetti *tipi derivati*, tipi cioè che estendono i tipi base permettendo di descrivere entità ad un più alto livello di astrazione.

La possibilità di derivare tipi a partire da altri tipi è un potente meccanismo messo a disposizione dai linguaggi di programmazione e consente di semplificare notevolmente la scrittura dei programmi.

I tipi derivati saranno ampiamente discussi più avanti nel testo.

6.1.2 Principali tipi primitivi del linguaggio C#

In questo sottoparagrafo saranno descritti i principali tipi base di C#; i rimanenti tipi base saranno approfonditi di volta in volta quando il contesto lo renderà necessario.

Per la rappresentazione dei numeri interi con segno si utilizza il tipo **int**.

I valori di questo tipo normalmente occupano la dimensione di una parola (word) dell'architettura di macchina utilizzata.

Nel caso di C#, è presente una macchina virtuale con processore virtuale a 32 bit.

Questo significa che i dati di tipo *int* sono memorizzati sempre con 32 bit, indipendentemente dall'architettura reale che si utilizza.

Tale fatto comporta un importante vantaggio ai fini della portabilità dei programmi, infatti, indipendentemente dalla macchina utilizzata, un programma scritto con C# riconosce i dati nello stesso identico modo.

Si vedrà nel seguito del capitolo come questo vantaggio non sia presente se si utilizza un linguaggio il cui compilatore si interfaccia direttamente con l'hardware.

Dei 32 bit necessari per la rappresentazione dei valori di tipo *int*, uno deve essere riservato al segno (+/-). Allora l'intervallo di ammissibilità per tali valori sarà [-2^{31}, $2^{31}-1$], ovvero [-2147483648, +2147483647]. Il motivo della differenza tra il massimo valore negativo ed il massimo valore positivo è dovuto alla rappresentazione in *complemento a 2*.

6.1.3(ITI). La rappresentazione numerica posizionale

La rappresentazione posizionale non è altro che il consueto modo di rappresentare un numero facendo pesare le cifre in base alla posizione che occupano.

Per fare un esempio si prenda il numero (in base 10) costituito dalle seguenti cifre:

9810234

Il valore denotato da questo numero si ricava sommano 4 unità a 3 decine a 2 centinaia, a 0 migliaia e così via.

Ogni cifra è dunque moltiplicata per un moltiplicatore che vale 1 per le unità, 10 per le decine, 100 per le centinaia etc.

Questo moltiplicatore è semplicemente la base (B=10) elevata ad un esponente ricavato dalla posizione della singola cifra all'interno del numero.

Da quanto affermato deriva ad es. che i numeri 005, 050, 500, denotano valori diversi perché le cifre che li compongono (0,5) occupano posizioni differenti.

Se si assume che la cifra meno significativa occupa la posizione zero, la cifra relativa alle decine occupa la posizione 1 etc., la notazione posizionale si può formalizzare nel seguente modo:

$val = B^p \cdot c_p + B^{p-1} \cdot c_{p-1} + B^{p-2} \cdot c_{p-2} + \ldots + B^0 \cdot c_0$

In questa notazione B rappresenta la base (10 nel precedente esempio), p rappresenta la posizione della cifra più significativa a partire da 0 (dunque p=numero di cifre-1), mentre c_i rappresenta la generica cifra in posizione i.

Riprendendo l'esempio precedente si ha:

```
Posizione:  6  5  4  3  2  1  0
            9  8  1  0  2  3  4   ← numero in notazione posizionale
```

Dunque il calcolo per il valore dovrà essere svolto nel seguente modo:

$val = 10^6 \cdot 9 + 10^5 \cdot 8 + 10^4 \cdot 1 + 10^3 \cdot 0 + 10^2 \cdot 2 + 10^1 \cdot 3 + 10^0 (=1) \cdot 4$

$val = 9 \cdot$ *un milione* $+ 8 \cdot$ *centomila* $+ 4 \cdot$ *diecimila* $+ 0 \cdot$ *mille* $+ 2 \cdot$ *cento* $+ 3 \cdot$ *dieci* $+ 4 \cdot$ *uno*

(Si ricordi che $n^0 = 1$, per ogni n finito).

Il precedente discorso è valido in generale e la formula funziona correttamente sostituendo B con la base appropriata.

La formula della notazione posizionale può anche essere espressa in forma compatta utilizzando la funzione sommatoria:

$$val = \sum_{i=p}^{0} B^i \cdot c_i$$

6.1.4. (ITI) Rappresentazione in complemento a 2

La rappresentazione di un numero in complemento a due è una rappresentazione in base 2, nella quale la cifra più significativa ha valore -2^p e non 2^p, mentre le altre cifre seguono le regole della notazione posizionale.

In questo modo si ottiene una notazione posizionale parziale, nel senso che non tutte le cifre rispettano le regole della notazione posizionale classica.

Il valore denotato da un numero binario espresso in complemento a 2 è dato dalla seguente formula:

$val = \mathbf{-2^p \cdot c_p} + 2^{p-1} \cdot c_{p-1} + 2^{p-2} \cdot c_{p-2} + ... + 2^0 \cdot c_0$

In questo caso la sequenza 11011 avrà valore:

$-2^4 + 2^3 + 0 + 2 + 1 = -5$

Avendo a disposizione 32 bit per rappresentare un numero in complemento a 2, il numero negativo più grande sarà dato dalla configurazione di bit che non ha numeri positivi, perciò:

10000000000000000000000000000000

Questo numero per quanto detto prima avrà valore:

$-2^{31} = -2147483648$

Il massimo numero positivo rappresentabile con 32 bit non dovrà invece utilizzare il 32° bit in quanto tale bit rappresenta un numero negativo.

In definitiva si utilizzeranno esclusivamente 31 bit e dato che il massimo numero rappresentabile con 31 bit è esattamente $2^{31}-1$ il risultato sarà 2147483647.

Per capire il perché questo è il numero più grande rappresentabile con 31 bit si ragioni sul seguente fatto:

Il massimo numero positivo rappresentabile con 31 bit sarà un numero in cui tutte e 31 le cifre hanno valore 1:

1111111111111111111111111111111

Anziché utilizzare la formula della notazione posizionale classica sulla sequenza data (calcolo che produrrebbe un risultato corretto ma un numero elevato di passaggi), si rimandi l'applicazione di tale formula e si sommi il valore 1 alla sequenza.

Per via delle proprietà della somma binaria si otterrebbe una sequenza nella quale il 32° bit varrebbe 1 e tutti gli altri 0.

10000000000000000000000000000000

Questo numero, in notazione posizionale classica, varrebbe esattamente 2^{31}, infatti il 32° bit occupa la posizione 31 e tutte le altre cifre non apporterebbero alcun contributo, avendo tutte il valore 0.

2^{31} però non è il numero di partenza, infatti nel passaggio precedente gli è stato sommato il valore 1.

Beh, se prima è stato sommato 1 adesso è possibile sottrarlo, perciò sottraendo 1 al risultato finale si ottiene 2^{31}-1, come volevasi dimostrare.

La notazione in complemento a 2 rappresenta una efficiente soluzione a livello di operazioni macchina; si noti a tal proposito che i valori rappresentati con questa notazione supportano le somme binarie allo stesso modo delle relative operazioni sugli interi senza segno.

Attualmente questa notazione è quella più utilizzata per la rappresentazione dei numeri interi con segno.

6.1.5 Interi grandi

Quando non si ha la certezza che i valori assunti dai dati numerici di un particolare programma siano compresi nell'insieme dei valori ammissibili per il tipo *int* si può utilizzare il tipo **long**.

Il tipo *long* è rappresentato in memoria utilizzando due parole di macchina perciò nel caso del linguaggio C# un dato di tipo *long* occuperà 64 bit.

Il range di ammissibilità per i valori di tipo *long* è [-2^{63}, $+2^{63}-1$], ovvero: [−9223372036854775808, +9223372036854775807]. Anche per questo tipo di dato valgono le considerazioni fatte in precedenza.

A questo punto potrebbe sorgere la seguente domanda:

perché sono necessari due tipi diversi per rappresentare i numeri interi, non si poteva utilizzare ad esempio solo il tipo long?

La risposta a questa domanda è affermativa: il tipo long è in grado di memorizzare anche i dati a 32 bit; il problema è che l'utilizzo di questo tipo laddove è sufficiente il tipo *int*, comporta un costo computazionale maggiore in termini di spazio e gran parte della memoria risulterebbe inutilmente allocata, con un inevitabile degrado delle prestazioni complessive.

Il linguaggio C# mette a disposizione altri tipi per la memorizzazione di valori interi, come mostrato nella seguente tabella.

Nome	Tipo	bit	Intervallo valori
byte	Valore integer senza segno	8	Da 0 a 255
sbyte	Valore integer con segno	8	Da -128 a 127
short	Valore integer con segno	16	Da -32.768 a 32.767
ushort	Valore integer senza segno	16	Da 0 a 65535
int	Valore integer con segno	32	Da -2.147.483.648 a 2.147.483.647
uint	Valore integer senza segno	32	Da 0 a 4294967295
long	Valore integer	64	Da -92233720368547508 a

	con segno		922337203685477507
ulong	Valore integer senza segno	64	Da 0 a 18446744073709551615

Si noti come a parità di bit i tipi senza segno permettano di rappresentare numeri in valore assoluto più grandi dei rispettivi tipi con segno.

6.1.6 Numeri reali

Quando si devono trattare valori reali si utilizza la rappresentazione in virgola mobile normalizzata.

In questo tipo di notazione un valore reale è rappresentato (con una certa approssimazione) da un segno, un termine detto mantissa (m) che deve essere diverso da zero, ed un termine detto esponente (e): $val = m * B^e$.

Ad esempio, la rappresentazione di 158512000 sarà: $1,58512 * 10^8$. Il precedente valore sarà mostrato in notazione scientifica, ovvero: 1,58512E+08.

I principali tipi per trattare valori reali sono **float** e **double**.

Ognuno di essi si differenzia dall'altro per il grado di precisione con il quale riesce ad approssimare i valori rappresentati.

Il tipo *float* prevede 32 bit (una parola di macchina) per la memorizzazione del dato, di cui 1 bit per il segno 23 per la mantissa, 8 per l'esponente.

Osservazione ITIS

In realtà, la rappresentazione interna in virgola mobile, usa numeri binari normalizzati, ovvero sequenze di bit con la parte intera uguale (obbligatoriamente) ad 1. Ad esempio è normalizzato il valore: 1,00101101
ma non lo sono:

Il tipo *float*, indicato anche a *precisione singola*, può essere usato per rappresentare valori compresi tra -3,402823E38 e 3,402823E38.

La mantissa è rappresentata con 7 cifre perciò una mantissa con un numero maggiore di cifre viene approssimata.

Per comprendere meglio l'approssimazione introdotta dal tipo *float* si supponga di voler memorizzare il seguente numero: 123456789.

Il primo passo è quello di normalizzare il numero imponendo che l'unica cifra intera della nuova mantissa sia diversa da zero. 1,23456789E+08.

Si noti che lo spostamento della virgola di 8 posizioni si ripercuote sul valore dell'esponente.

Il secondo passo è quello di imporre alla mantissa la lunghezza sette; per fare questo si arrotonda la settima cifra della mantissa in base alle cifre che la seguono:
1,234568E+08.

In pratica si perdono le informazioni delle cifre decimali che si trovano a destra della sesta.

Il tipo *double* (*precisione doppia*) prevede 64 bit (2 parole di macchina) per la rappresentazione dei suoi valori.

Un valore di tipo *double* ha la mantissa rappresentata con precisione fino alla 14° cifra decimale, mentre l'intervallo dei valori ammissibili va da -1,79769313486232E+308 a 1,79769313486232E+308.

6.1.7 Tipi non numerici

Il tipo **char** serve per rappresentare un singolo carattere presente nel testo, ovvero lettere come A, B, C, d, g, e, o come !, $, /,), 9, 5,..,ecc. .

I caratteri sono interpretati come numeri di 2 bytes, secondo la tabella dello standard UNICODE[2], ovvero con un numero intero compreso tra 0 e 65.535 e devono essere specificati tra apici singoli: 'A', '$', '7',.., etc..

Quando si ha la necessità di memorizzare o elaborare sequenze di caratteri si può fare riferimento al tipo **string**.

Un valore di questo tipo deve essere specificato tra apici doppi e può contenere caratteri, spazi e caratteri speciali, come ad esempio "ciao" oppure "Premi invio per continuare".

Il tipo *string* presenta qualche differenza rispetto ai tipi visti finora e sarà approfondito in seguito.

Per rappresentare i valori dell'algebra booleana si utilizza il tipo **bool**.

Questo tipo di dato ammette due soli valori: *true* e *false*; il primo dei due corrisponde al valore logico 1 (o vero), il secondo al valore logico zero (o falso).

---

[2] Standard che attribuisce un numero univoco a ogni carattere, indipendentemente dalla piattaforma, dall'applicativo e dalla lingua in uso.

Dopo aver passato in rassegna i principali tipi di base del C# è necessario descrivere gli operatori e le modalità che essi adottano per operare con valori che supportano.

Prima di fare questo si introdurranno i concetti fondamentali di **variabile** e di **costante**, attraverso i quali sarà più semplice descrivere anche gli operatori.

Esercizi

1. Spiega cosa significa definire un tipo di dato.

2. Descrivi quali vantaggi si hanno nell'utilizzo di tipi di dato astratto.

3. Descrivi i tipi di dato del C# relativi alla rappresentazione di numeri interi (senza virgola) e naturali (interi non negativi).

4. Indica le ripercussioni (positive) dell'uso di una macchina astratta.

5. Spiega come vengono rappresentati gli interi negativi al livello di codifica binaria interna.

6. Effettua alcune considerazioni su quando è necessario utilizzare il tipo *long* e quando è sconsigliabile.

7. Descrivi i tipi di dato utilizzati per la rappresentazione dei numeri reali.

8. Descrivi la differenza tra il tipo *char* ed il tipo *string*. Fornisci un esempio.

9. Come si possono rappresentare i valor relativi all'algebra booleana?

-------------------------ITIS-------------------------------------

10. Spiega il perché degli estremi inferiore e superiore nella rappresentazione di numeri interi a 32 bit.

11. Descrivi la codifica in complemento a due.

12. Descrivi il processo di normalizzazione per i numeri reali.

6.2 Variabili e costanti

Il concetto di variabile è fondamentale per la programmazione ed è legato indissolubilmente al concetto di locazione di memoria.

La memoria di un calcolatore può essere immaginata come un insieme di celle contigue (locazioni) della dimensione di un byte (8 bit) ciascuna, accessibili tutte in un tempo praticamente costante[3].

Una *variabile* può essere considerata intuitivamente come il nome assegnato ad un contenitore di dati (porzione di memoria) nel quale il programma può "depositare" e "ripescare" valori di un particolare tipo (numerico o non numerico). Per poter usare una *variabile* la si deve prima costruire (o *dichiarare*) indicando il tipo scelto e l'identificatore (il nome):

<tipo> <identificatore>;

Le parentesi angolari <> saranno utilizzate per rappresentare le categorie sintattiche mediante il consueto formalismo BNF ma non devono essere riportate in fase di scrittura dei programmi.

Un esempio di dichiarazione di variabile è:

int x;

in cui *int* è il tipo intero e *x* il nome della variabile. Sostituendo il termine "nome" con quello più appropriato (identificatore) si può formulare una più rigorosa definizione per le variabili.

Definizione

Una *variabile* è un *identificatore* associato ad un'area di memoria e ad un certo *tipo,* all'interno di un determinato *ambiente* o contesto; essa può assumere valori ammessi dal tipo che la definisce e supporta tutte le operazioni consentite dal tipo stesso.

---

[3] La memoria RAM (Random Access Memory) è chiamata così perché anche se si accede alle celle in ordine casuale (o random) il tempo di accesso è pressoché costante

La precedente definizione contiene dentro di se i cinque aspetti fondamentali che caratterizzano le variabili, ovvero:

- Nome (o identificatore)
- Tipo
- Indirizzo in memoria
- Valore
- Ambiente (o ambito di visibilità)

Queste caratteristiche meritano una breve riflessione aggiuntiva, a cominciare proprio dall'ambiente.

Definizione

L'ambiente di una variabile (*Environment*) è il luogo in cui è valido il legame identificatore → area di memoria.

Quest'ambiente corrisponde in genere all'area in cui la variabile è dichiarata. Il concetto di ambiente sarà ripreso più avanti; per il momento è sufficiente sapere che in un programma esiste l'*ambiente globale* che è il programma stesso, e possono esistere uno o più *ambienti locali* ovvero blocchi o porzioni di programma contenuti nell'ambiente globale, all'interno dei quali è possibile dichiarare variabili.

La seguente figura mostra questo concetto.

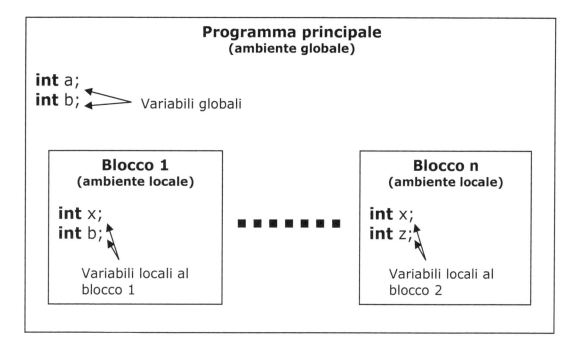

Nell'esempio, la variabile locale *b* dichiarata all'interno del blocco 1 può essere letta o modificata esclusivamente dall'interno del blocco stesso.

Si dice che questa variabile è visibile solo a livello di blocco 1, dunque ha ambito locale in quel blocco.

In pratica l'identificatore *b* utilizzato all'interno del blocco 1 è legato ad un'area di memoria diversa rispetto a quella dell'identificatore b dichiarato nell'ambiente globale, così come sono diverse le aree di memoria relative all'identificatore x del blocco 1 e all'identificatore x dichiarato in ambito locale nel blocco 2.

Più avanti nel testo ci saranno numerosi esempi per applicare e comprendere meglio questi concetti.

Osservazione

L'ambito di visibilità di una variabile globale è rappresentato da tutto il programma che la contiene e da tutti i suoi blocchi, esclusi quelli che hanno al loro interno una dichiarazione di variabile locale con lo stesso nome di quella globale; in questo caso di dice che la variabile locale **maschera** quella globale. Nel precedente esempio la variabile globale b è mascherata (quindi non può essere usata) dalla variabile locale b all'interno del blocco 1.

> **Osservazione**
>
> Non è consentito all'interno dello stesso ambiente dichiarare più variabili con lo stesso identificatore.

Dopo aver dichiarato una variabile è possibile scrivere un valore al suo interno usando **l'operatore di assegnamento** "=" ("=" si legge "prende"):

<identificatore>=<valore>;

In alternativa si può dichiarare ed inizializzare[4] una variabile in un solo passaggio, ovvero:

<tipo> <identificatore>=<valore>;

Sfruttando il formalismo EBNF si possono compattare queste definizioni e dire che:

<dichiarazione>::=<tipo> <identificatore> [= <valore>];

Esempio

Le seguenti istruzioni servono per dichiarare alcune variabili globali e per assegnare loro dei valori:

int x;
string st;
x=400;
int pippo=123;
st="ciao a tutti";

---

[4] Ovvero assegnare un valore alla variabile per la prima volta.

La variabile intera *x* è prima dichiarata e successivamente assume il valore 400;

la variabile intera *pippo* assume il valore 123 al momento stesso della sua dichiarazione;

la variabile *string* st assume il valore *ciao a tutti* in un secondo momento rispetto alla sua dichiarazione.

6.2.1 Nomi validi e parole chiave riservate

Un identificatore non può essere uguale ad una parola chiave predefinita; deve iniziare con un carattere, non può contenere spazi vuoti o caratteri speciali e la sua lunghezza non può essere superiore a 512 caratteri.

Le parole chiave sono identificatori riservati predefiniti che hanno un significato specifico per il compilatore e non possono essere utilizzate come identificatori nel programma.

C# mette a disposizione il prefisso @ il quale impone al compilatore di ignorare gli altri significati degli identificatori, compresi i caratteri speciali, quindi di utilizzare anche le parole chiave.

Ad esempio, @if è un identificatore valido mentre if non lo è, in quanto è una parola chiave.

Nella seguente tabella sono elencate le parole chiave che sono identificatori riservati in qualsiasi parte di un programma C#.

abstract	event	new	struct
as	explicit	null	switch
base	extern	object	this
bool	false	operator	throw
break	finally	out	true
byte	fixed	override	try
case	float	params	typeof

catch	for	private	uint
char	foreach	protected	ulong
checked	goto	public	unchecked
class	if	readonly	unsafe
const	implicit	ref	ushort
continue	in	return	using
decimal	int	sbyte	virtual
default	interface	sealed	volatile
delegate	internal	short	void
do	is	sizeof	while
double	lock	stackalloc	
else	long	static	
enum	namespace	string	

6.2.2 Indirizzo di una variabile

La memoria fisica del calcolatore è normalmente gestita dal sistema operativo (più precisamente dal modulo di gestione della memoria).

Un programma scritto con un linguaggio ad alto livello solitamente non conosce gli indirizzi fisici delle celle di memoria RAM delle sue variabili ma fa riferimento ad un insieme di indirizzi logici.

In questo modo il programma può essere caricato in qualunque posizione della memoria fisica senza che sia necessario modificare i riferimenti delle variabili, e può quindi continuare a funzionare correttamente.

Questa strategia di indirizzamento è necessaria in quanto non si può prevedere a priori quale sarà l'area di memoria fisica disponibile per un programma nel momento in cui questo è caricato.

È compito del sistema operativo effettuare la conversione degli indirizzi da logici a fisici ogni volta che si rende necessario.

L'indirizzo a cui fa riferimento una variabile è dunque un indirizzo logico, che viene di volta in volta mappato sulla memoria fisica dal sistema operativo.

Conoscendo il tipo di una variabile è possibile calcolare il numero di celle che questa occupa, dunque è possibile sapere quale sarà il primo indirizzo libero a partire da quello associato alla variabile stessa.

Quando si parla di indirizzo di una variabile si deve intendere il più piccolo indirizzo del gruppo di celle necessarie per memorizzare dati di quel tipo.

Per esempio, supponendo che la memoria logica sia libera dalla posizione 443322 in poi, la dichiarazione di una variabile intera (int x;) produrrebbe il seguente effetto.

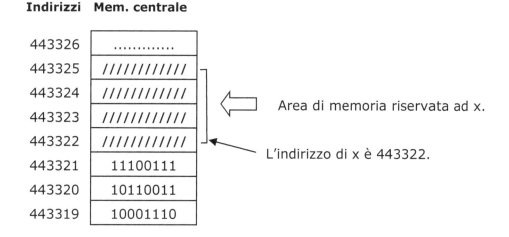

Indirizzi   Mem. centrale

Indirizzi	Mem. centrale
443326	....
443325	/////////////
443324	/////////////
443323	/////////////
443322	/////////////
443321	11100111
443320	10110011
443319	10001110

Area di memoria riservata ad x.

L'indirizzo di x è 443322.

Osservazione

Quando si dichiara una nuova variabile non si deve fare riferimento al suo valore se prima non la si **inizializza**, ovvero finché non si scrive un valore corrente valido all'interno delle posizioni di memoria che occupa.
Può capitare infatti che dopo scaricamenti e successive riallocazioni, una variabile venga costruita a cavallo tra celle di memoria che contenevano dati non omogenei. Il valore contenuto in questi casi è non consistente in quanto derivante dalla fusione di valori di tipo differente.
Si dice che le variabili non inizializzate sono "sporche" e molti linguaggi non ne permettono l'accesso in lettura se prima non si effettua l'inizializzazione.

Esercizi

1. Fornisci e spiega la definizione di variabile.

2. Spiega cosa si intende per ambiente globale e ambiente locale.

3. Descrivi il fenomeno del mascheramento delle variabili globali

4. Indica la sintassi di una dichiarazione di variabile.

5. Spiega cosa si intende per inizializzazione di una variabile.

6. Indica quali tra le seguenti dichiarazioni di variabile sono valide e quali non lo sono, spiegandone i motivi:

   - INT i;
   - int k;
   - string %s;
   - double 1;
   - int int;
   - char w="10";
   - char q='1';
   - int @int=200;

7. Spiega a cosa serve l'indirizzamento logico.

8. Fornisci degli esempi di dichiarazione di variabili in termini del loro indirizzamento (logico) in memoria.

6.3 Costanti e valori letterali

Una costante letterale (o semplicemente un letterale) è un valore espresso dalla stessa notazione usata per descriverlo.

Ad esempio 321 è la costante letterale intera 321 che rappresenta il valore 321 stesso.

Si presti attenzione al fatto che il valore 321 è riconosciuto come appartenente al tipo int, non double o float.

La costante letterale 'A' è riconosciuta di tipo *char* ed ha come valore il carattere A stesso.

Viceversa la costante letterale "A" è riconosciuta come appartenente al tipo *string* ed ha come valore la sequenza formata dal solo carattere A.

A volte può fare comodo assegnare un nome ad una costante letterale in modo da poterla utilizzare più semplicemente nei programmi; in tal caso si parla di **costanti simboliche**.

Per costruire una costante simbolica è sufficiente specificare la parola chiave **const**, seguita dal tipo e dal letterale associato.

Ad esempio, se fosse necessario usare spesso nel programma il valore di pigreco, si potrebbe associarlo ad una costante simbolica:

const double pi=3,14159265358979

così da permettere di indicare il nome della costante (pi) ad ogni occorrenza, piuttosto che specificare sempre tutte le sue cifre.

In generale l'associazione (definitiva[5]) di una costante simbolica ad un letterale avviene con la seguente sintassi:

const <tipo> <identificatore>=<costante letterale>;

---

[5] Per tutto il tempo di esecuzione del programma, l'identificatore associato a quel determinato letterale, in un certo ambiente, non potrà essere modificato.

Osservazione

C# mette a disposizione una costante simbolica per pigreco; questa costante, insieme ad altre importanti costanti e funzioni, è contenuta nella classe *Math*[*].
Ad esempio se si vuole assegnare il valore di pigreco ad una variabile di tipo *double* è sufficiente scrivere:

double x = *Math.PI;*

(*) Le classi sono trattate in modo dettagliato nel secondo volume.

6.4 Espressioni ed operatori

Come discusso sopra, definire un tipo significa anche definire gli operatori abilitati ad operare con valori di quel tipo.

Seguirà ora una breve trattazione degli operatori rimandando al resto del testo una loro trattazione più approfondita, laddove il contesto lo renderà necessario.

Definizione

Un'espressione è una porzione di codice che restituisce un valore di un determinato tipo; essa può essere una costante letterale o simbolica di un certo tipo, una combinazione di costanti attraverso operatori permessi per quel particolare tipo, una variabile, una combinazione di variabili attraverso operatori consentiti dal tipo delle variabili, una combinazione tra costanti simboliche, letterali e variabili, una o più chiamate a sottoprogrammi[*] che restituiscono a loro volta dei valori, una combinazione di tutto ciò.

(*) I sottoprogrammi saranno trattati più avanti nel testo.

I seguenti esempi chiariscono il concetto di espressione.

Si supponga di avere le seguenti istruzioni:

int r=121;

int s=0;

int t=444;

const int mese=31; (costante simbolica intera)

f(x)=Math.Pow(x,2); (funzione di elevamento al quadrato)

- 232; è un'espressione in quanto costante letterale;
- 13+332*12; è un'espressione perché combinazione di letterali;
- mese ; è un'espressione perché è una costante simbolica;
- mese*mese; è un'espressione perché combinazione di costanti;
- r; è un'espressione in quanto è una variabile;
- r+s*t; è un'espressione perché combinazione di variabili;
- f(r*s) è un'espressione (si chiarirà in seguito)
- tutte le combinazioni (lecite) possibili tra i precedenti termini sono espressioni.

6.4.1 Operatori

Gli operatori sono dei particolari simboli o combinazioni di simboli che accettano degli operandi in ingresso e restituiscono un valore.

Esistono operatori che si possono applicare ad un solo operando, a due operandi o a tre operandi.

Nel primo caso gli operatori si chiamano **unari**, nel secondo caso **binari** e nel terzo caso **ternari**; C# mette a disposizione un unico operatore ternario il quale sarà trattato nel capitolo 6.

6.4.1.1 Operatori unari

La seguente tabella riassume gli operatori *unari* più frequentemente utilizzati, con un esempio della loro applicazione.

Principali operatori unari				
Operatore	**Tipo**	**Significato**	**Esempio**	**Risult.**
+	numerico	Specificatore di segno	int x=+5; corrisponde a: int x=5; (il + è sottinteso)	X←5
Descrizione: è l'operatore predefinito durante l'assegnamento di valori alle variabili o alle costanti. Il valore assegnato è positivo ad eccezione di quando è indicato l'operatore di cambiamento di segno (-).				
-	numerico		int z=-5;	z←-5
Descrizione: è l'operatore che restituisce un valore di segno inverso rispetto al dato al quale è applicato.				
++	numerico	Incremento unitario	int c=12; c++;	c←13
Descrizione: esegue l'incremento unitario ottimizzato del valore contenuto in una variabile numerica. L'incremento può essere effettuato prima delle altre operazioni (pre-incremento) o dopo le altre operazioni (post incremento). Ad esempio, supponendo che sia: int x=5; int y=0; gli assegnamenti: 1) y=++x; 2) y=x++; hanno effetti diversi; la prima istruzione esegue innanzitutto l'incremento del valore di x (che diventa uguale a 6), poi assegna il valore 6 ad y; l'istruzione 2) invece assegna prima il valore 5 ad y e poi esegue l'incremento di x il quale assumerà il valore finale 6.				
--	numerico	Decremento unitario	double f=21; f--;	f←20
Descrizione: come sopra ma effettua il decremento unitario				

~	numerico	Complemento a bit	byte k=12; byte t=~k;	k←12 t←243

Descrizione: esegue un'operazione di complemento bit per bit sull'operando, con l'effetto di invertire ogni bit; si applica ai tipi *int, uint, long e ulong*.

Analizzando l'esempio precedente, ma utilizzando il codice binario si ha:

12=00001100; eseguendo l'inversione di ogni bit si ottiene:

$11110011=2^7+2^6+2^5+2^4+2^1+2^0=128+64+32+16+2+1=243$.

Se invece di utilizzare il tipo *byte* si fosse usato un tipo con segno, il risultato sarebbe stato del segno opposto a quello dell'operando (si ricordi come funziona la rappresentazione dei numeri con segno in complemento a due).

!	Logico	Negazione	bool Q=false; !Q;	Q←true;

Descrizione: corrisponde al NOT logico con le stesse proprietà viste nel capitolo 2.

6.4.1.2 Operatori binari

Sono gli operatori che accettano due operandi. I principali operatori binari sono elencati nella seguente tabella.

Principali operatori binari				
Operatore	**Tipo**	**Significato**	**Esempio**	**Risult.**

*	numerico	Moltiplicazione tra 2 numeri	int n1=41;
			int n2=10;
			int ris=n1*n2;
				ris←410

Descrizione: è l'operatore aritmetico per il prodotto tra due numeri				

/	numerico	Rapporto tra 2 numeri	int n1=41;
			int n2=2;
			int ris=n1/n2;
				ris←20

Descrizione: è l'operatore aritmetico per il rapporto tra due numeri. Quando i due operandi sono di tipo *int* viene eseguita la divisione intera, altrimenti il tipo restituito è *double*.

+	numerico oppure *string*	Somma tra 2 numeri oppure concatenazione di due stringhe	double x=4.1; int n=2; double ris=x+n;	ris←6.2
			string s="ciao"; *string* t="bello"; *string* w=s+t;	w="ciaobello"

Descrizione: è l'operatore aritmetico che esegue la somma tra due numeri. Da notare che il tipo restituito deve essere sufficientemente "grande" da contenere il valore prodotto. Nel caso di somma tra interi il tipo restituito è *int*; nel caso di somma tra un valore di tipo *double* ed un valore di tipo *int* il risultato è di tipo *double*. La somma tra due valori di tipo short è ancora di tipo *int*, così come la somma tra due valori di tipo *float* è ancora di tipo *double*.

Quando invece l'operatore "+" è utilizzato con due operandi di tipo stringa esegue la concatenazione del primo con il secondo, restituendo una unica stringa. Se nell'esempio visto sopra avessimo voluto ottenere la stringa "ciao bello" anziché "ciaobello" avremmo dovuto concatenare un carattere *spazio* (o *blank*) tra le due stringhe di partenza.
Due modi per ottenere questo risultato sono i seguenti:

- *string* w=s+" "+t;
oppure
- *string* s="ciao "; *string* t="bello"; string w=s+t;

Nel primo caso si concatena esplicitamente il carattere *blank* eseguendo di fatto due operazioni, mentre nel secondo caso è stato inserito "a mano" un carattere spazio alla fine della stringa "ciao"; il risultato è lo stesso.

-	numerico	Differenza tra due numeri	double x=4.1; int n=2; double ris=x-n;	ris←2.1

Descrizione: analogo alla somma ma applicabile ai soli tipi numerici.

%	numerico	Resto della divisione intera tra due numeri	int a=12; int b=4; int ris=a%b	ris←0

Descrizione: esegue la divisione intera tra due numeri e restituisce il resto. Il tipo dell'operatore deve essere sufficientemente "grande" da contenere il valore restituito. Un uso interessante di questo operatore si ha quando si vuole scoprire se un determinato numero k è pari o dispari. Ricordando che i numeri pari sono divisibili per 2 (hanno resto uguale a 0) si può verificare quanto vale k%2; se il risultato è 0 allora k è pari, altrimenti è dispari.

<, >, <=, >=, ==, !=	Logico	Relazione	Questi operatori restituiscono esclusivamente *true* o *false*;

Descrizione: questi operatori controllano le relazioni esistenti tra i propri operandi e restituiscono il valore *true* se sono verificate le relazioni che essi rappresentano, rispettivamente: primo operando *minore* del secondo, primo *maggiore* del secondo, *minore o uguale*, *maggiore o uguale*, *uguale*, *diverso*.

Attenzione: l'operatore di confronto "==", che restituisce il valore di verità *true* se i due operandi sono uguali, non deve essere confuso con l'operatore di assegnamento "=", che sarà ulteriormente descritto sotto.

&&, ||	Logico	Operazioni AND e OR logici tra operandi di tipo *bool*.	*bool* A=*false*; *bool* B=*true*; *bool* C=A && B; *bool* D=A || B;	C←*false* D←*true*

Descrizione: Sono i tipici operatori dell'algebra di Boole, con l'unica differenza che la loro implementazione è lazy (pigra), ovvero il secondo operando viene valutato solo se è determinante per il risultato. Ad esempio se si considera l'espressione A && B con A←*false*, *l'operatore* && restituisce il valore *false* senza analizzare il contenuto di B.

Osservazione ITIS

Il comportamento lazy degli operatori non implica necessariamente differenze nei risultati forniti, salvo nel caso in cui il secondo operando abbia un valore inconsistente. In tal caso l'operazione mediante operatori non-lazy produce un errore in fase di esecuzione, viceversa un operatore lazy potrebbe fornire un risultato senza generare alcun errore, proprio perché non sempre valuta il secondo operando.

(ITIS)				
&, ^, |	Numerico	Operazioni bit a bit relative a AND, XOR, OR	*short* a=9999; *short* b=10000; *short* c=a & b; *short* d= a ^ b; *short* e= a | b;	c←9984 d←31 e←10015

Descrizione: questi operatori eseguono le operazioni logiche AND, XOR, OR oltre che su valori di tipo *bool* anche sui singoli bit di valori di tipo short, int, long.

L'esempio precedente si spiega considerando la rappresentazione binaria di a e b:

a= 10011100001111; (9999)

b= 10011100010000; (10000). Eseguendo l'AND bit a bit si ottiene:

c= 10011100000000; che corrisponde al decimale 9984. Per quanto

riguarda l'operazione XOR si ha il seguente risultato.

a= 10011100001111;

b= 10011100010000;

d= 00000000011111; che corrisponde al decimale 31.

| <<, >> | Numerico | Operazioni di SHIFT a sinistra o a destra dei bit del primo operando del numero di posizioni indicato nel secondo operando | *int* a=5; (101)
int b=3;
int c=a << b;

int a=5; (101)
int b=3;
int d=a >> b; | c←40
(101000)
←- - -

d←0
(000)101
- - -→ |

Descrizione: lo *shift* a sinistra determina lo spostamento a sinistra di tutti i bit del primo operando di un numero di posizioni indicato dal secondo operando. I posti divenuti liberi a destra vengono riempiti con degli zeri. Si ricorda che aggiungere uno zero a destra di un numero binario corrisponde a moltiplicarlo per 2. Eventuali bit che traboccano a sinistra sono semplicemente ignorati.

Lo *shift* a destra funziona in modo simmetrico. La sequenza di bit si sposta a destra ed a sinistra si inseriscono degli zeri, in numero pari al numero di posizioni di cui si è traslata la sequenza.

ATTENZIONE

Del secondo operando (quello che indica il numero di posizioni) si prendono in considerazione (per il conteggio delle posizioni di shift) i 5 o 6 bit meno significativi, in relazione al fatto che si operi con numeri a 32 o a 64 bit.

Se si tenta di effettuare uno *shift* specificando nel secondo operando ad esempio 2^7=128, non si otterrà alcun effetto, infatti 128 in binario è rappresentato come $1\ 0\ \boxed{0\ 0\ 0\ 0\ 0\ 0}$ ed i 5 0 6 bit meno significativi valgono tutti 0.

Esercizi

1. Spiega cosa si intende per costante (letterale e simbolica).

2. Indica la sintassi per la dichiarazione di costanti simboliche.

3. Fornisci e spiega con degli esempi la definizione di espressione.

4. Descrivi i principali operatori unari del C#.

5. Disegna una tabella che contiene i principali operatori binari dei C# e fornisci per ognuno di essi un esempio di applicazione.

6. Date le seguenti dichiarazioni ed i relativi assegnamenti:

   int a=5; int b=10; int c; float f; double d; bool b1=true;

   indica quali tra queste istruzioni sono valide e quali non lo sono, spiegandone i motivi:

   a. c=a+c;
   b. a=f/d;
   c. c=a/b;
   d. d=f++c;
   e. b1=(a==b);
   f. string s="ciao;
   g. char q="1";
   h. b1=(a+b>=a) && false;
   i. b1=(a+b<a) || ! false;

----------ITIS------------------
7. Spiega il significato di operatori lazy.

8. Esegui le seguenti operazioni bit a bit ed indica i risultati:

   a. c = b << a;
   b. c = a ^ b;
   c. c = b >> a;
   d. c = a & b;
   e. c = a & a;
   f. c = a | a;
   g. c = a ^ a;

6.4.1.3 Significato dell'operatore di assegnamento (=)

L'operatore di assegnamento, già visto in precedenza, è un operatore fondamentale senza il quale non si potrebbe modificare il valore delle variabili.

La sintassi corretta per tale operatore è la seguente:

`<nome variabile>=<espressione>;`

La sintassi mostra come tale operatore abbia bisogno di due operandi (infatti è un operatore binario), uno a sinistra del segno "=" (= si legge "prende") ed uno alla sua destra.

L'operando posto a sinistra prende il nome di **L-value** (L sta per left), mentre quello posto a destra si chiama **R-value** (Right value).

Affinché un assegnamento sia formulato in modo corretto deve succedere che:

- l'operando L-value deve essere un indirizzo di memoria, ovvero un contenitore in grado di accogliere valori di un determinato tipo, in definitiva una variabile;
- l'operando R-value deve essere un'espressione dello stesso tipo dell'L-value oppure di un tipo compatibile[6] a questo.

Alla luce delle definizione fornite, si può ora mostrare il seguente esempio.

Esempio

Sia x una variabile intera dichiarata ed inizializzata con la seguente riga di codice:

---

[6] La compatibilità tra tipi è descritta più avanti.

int x=50;

l'istruzione:

x=x+1;

copia nell'area di memoria denotata dalla variabile x (L-value) il risultato dell'espressione x+1 (R-value).

Quando la variabile x compare a sinistra del simbolo "=", deve essere considerata come l'indirizzo di x, mentre la stessa variabile posta a destra di "=" deve essere considerata come il valore contenuto in x.

Il seguente esempio chiarisce meglio il significato di assegnamento; si supponga di avere la seguente sequenza di istruzioni:

1. *int* ciao;
2. ciao=15;
3. ciao=ciao+7;
4. ciao=66;

La prima istruzione costruisce una variabile di nome ciao e associa l'identificatore (ciao) a quattro celle di memoria, in quanto di tipo *int*.

La seconda istruzione scrive dentro quest'area di memoria il valore intero 15.

La terza istruzione scrive nella medesima area il risultato della somma tra il valore qui contenuto (attualmente 15) e il valore 7; *ciao* conterrà ora il valore 22.

La quarta istruzione scrive il valore 66, sovrascrivendo di fatto il precedente valore (22).

Questo esempio mostra un'altra proprietà dell'assegnamento, ovvero: il valore contenuto in una variabile corrisponde all'ultimo valore inserito.

L'assegnamento è analogo quando si adoperano variabili di diverso tipo, come mostrato nel seguente esempio.

1. *bool A;* (dichiarazione di variabile booleana chiamata A);
2. *char* tasto; (dichiarazione di una variabile di tipo carattere chiamata tasto);
3. A=*true*;
4. tasto='y';

Le istruzioni 1 e 2 servono per la dichiarazione delle due variabili; la terza istruzione assegna il valore di verità *true* (vero) alla variabile A; la quarta istruzione assegna il carattere y alla variabile *tasto*.

Osservazione

Quando si assegna un valore di tipo carattere, questo deve essere indicato tra virgolette singole. Il valore memorizzato in questo modo è sempre considerato come un semplice carattere, anche nel caso in cui rappresenti una cifra.

Dall'osservazione precedente si comprendere che nell'istruzione:

tasto='9';

il carattere 9 non è considerato come un numero ma rappresenta un semplice carattere testuale, perciò non può essere utilizzato con operatori che accettano tipi numerici.

Anche le variabili *string* funzionano in modo analogo, come mostrato nel seguente esempio.

1. *int* x; (variabile intera dal nome x);
2. *string* y; (variabile *string* dal nome y);
3. *int z;* (variabile intera z);
4. x=456; (assegnamento di un valore numerico);
5. y="x"; (assegnamento di un valore testuale);
6. z=x; (assegnamento valore numerico);

Le istruzioni 1, 2, 3 servono per dichiarare tre variabili, due di tipo intero e una di tipo *string*.

L'istruzione 4 assegna alla variabile x il valore intero 456.

L'istruzione 5 assegna alla variabile y il valore "x", inteso come sequenza composta dal solo carattere 'x'.

L'istruzione 6 assegna alla variabile z (L-value) il valore (R-value) della variabile x, ovvero 456.

Al termine dell'esecuzione dell'istruzione 6 si avranno i seguenti legami:

x ← 456

y ← "x"

z ← 456.

Definizione

Lo **stato** di un programma (*state*) è l'insieme delle associazioni tra i valori e le variabili presenti in tutti gli ambienti attivi[*] (globale e locali) del programma stesso.

[*] Il concetto di ambiente attivo sarà trattato nel prossimo capitolo.

Rivisitando il precedente esempio alla luce della nuova definizione si può affermare che dopo aver eseguito l'ultima istruzione si ottiene uno *stato* in cui x vale 456, y vale "x" e z vale 456, in un *ambiente* in cui ad x è associata un'area di memoria di 32 bit, ad y un'area di memoria che generalmente non ha dimensioni fisse (dipende infatti dalla stringa che si memorizza) e a z un'area di memoria di 32 bit.

Osservazione

La dichiarazione di variabili modifica *l'ambiente* mentre gli assegnamenti modificano lo *stato*.

Esempio

Si vuole valutare la seguente espressione:

a=~(b++ * --c + 12)

nell'ambiente e nello stato modificati dalle seguenti istruzioni:

int a;

int b=12;

int c=4;

Come di consueto si valutano prima i termini racchiusi tra parentesi e poi quelli più esterni, rispettando la priorità degli operatori (il "*", il "/" ed il "%" sono eseguiti prima del "+" e del "-").

6.4.1.4 *La composizione di operatori binari (ITIS)*

Gli operatori binari visti finora possono essere combinati con l'operatore di assegnamento per ottenere istruzioni più compatte.
È possibile ad esempio scrivere l'istruzione:

```
x+=1;
```

in luogo di:

```
x=x+1;
```

Stessa cosa si può fare con gli altri operatori, ad esempio:

```
-=, *=, /=, %=, &&=, etc.
```

Esercizi

1. Spiega cosa si intende per L-Value ed R-Value.

2. Indica la sintassi dell'assegnamento.

3. Supponendo di aver dichiarato una variabile intera x, spiega perché le seguenti istruzioni sono scorrette:

   - 50=x;
   - "y"=40;
   - 'x'=x;

4. Fornisci la definizione di ambiente (environment).

5. Fornisci la definizione di stato (state).

6. Spiega come si può modificare l'ambiente e lo stato

-------ITIS --------------

7. Trasforma le seguenti istruzioni compatte in forma estesa:

   a. x++;
   b. y--;
   c. x=x++ + ++x;
   d. x*=y--;
   e. x+=++z;
   f. z=++x+ ++y;
   g. z-=1;
   h. b &&= b2;
   i. b ||=false;
   j. a %= 2;
   k. c /= a;

Esercizi

Indicar i valori finali delle variabili intere X, Y, Z, C nelle seguenti istruzioni:

1. X=X+C+Z+1;

2. X=1; Y=2; Z=X+Y*2*X;

3. X=15; Y=17; Z=0; C=12; Z=17; X=X+X; Y=-Y;

4. Z=0; X=17; C=X/Z; Z=21;

5. X=12; X=X; Y=X; C=X; Z=X; X=0;

6. X=5; Y=X^X+12; C=X-Y; Z=2*Z;

7. X=1; X=X+X+X+X+X+X+X+X+X+1;

8. X=-10; Y=10; Z=X-Y; C=2*Z;

9. X=21; Y=-(-X); Z=2*Y+X; C=Z+Z+Z+Z+Z-4*Z;

10. C=0; Z=3; Y=21; X=1; C=Z+Y-2*X+18*Y; C=0;

6.5 Conversione di tipi

Mediante l'operazione di conversione di tipi è possibile cambiare il tipo di un espressione.

Esistono due modalità di conversione:

- conversione implicita (**coercion**);
- conversione esplicita (**casting**).

6.5.1 La conversione implicita

Nella conversione implicita è il compilatore che, davanti alla necessità di valutare un'espressione di tipo misto considera, dove possibile, il tipo più generale in modo da riuscire a valutarla correttamente.

Il seguente esempio dovrebbe chiarire quanto detto.

Esempio

Si supponga di avere un ambiente ed uno stato modificato dalle seguenti dichiarazioni:

int a=10;
double b;

L'istruzione:

b=a;

è lecita nonostante a e b siano di tipo diverso. Il compilatore assegna a b il valore 10 dopo averlo convertito implicitamente in *double*;

questo è possibile grazie al fatto che l'intervallo di rappresentabilità del tipo *double* è più grande dell'intervallo del tipo *int*.

Osservazione

La conversione implicita dal tipo int al tipo double può portare a risultati inattesi, sopratutto se si eseguono confronti tra valori convertiti. Se nell'esempio precedente si fossero assegnati dei numeri interi molto grandi, a causa dell'approssimazione della mantissa del tipo reale, si potrebbe incappare in degli errori eseguendo ad esempio il confronto si uguaglianza tra a e b (a==b?).

La conversione implicita viene eseguita dal compilatore ogni volta che il tipo di destinazione può contenere i valori del tipo di partenza.

Se il tipo di partenza ha un intervallo di rappresentabilità maggiore del tipo di destinazione la conversione non è possibile e viene segnalato un errore a tempo di compilazione.

La stessa cosa avviene quando si cerca di assegnare valori non numerici a variabili numeriche e viceversa.

Il seguente esempio mostra alcuni casi in cui non avviene la *coercion*.

Esempio

```
float  f=42;
int a=f;  //errore

string s="12";
double d=s; //errore
```

```
double d=123.321;
float f=d; //errore
```

Osservazione

Nell'esempio precedente è indicata la presenza del
l'errore utilizzando i due simboli slash "//" .

In C#, come in molti linguaggi, il doppio slash indica l'inizio di
un commento su una singola linea.

In pratica tutto ciò che si scrive dopo i simboli "//" è ignorato
dal compilatore e funge appunto da commento per il
programmatore, qualcosa che non deve essere eseguito dalla
macchina.

Se si ha la necessità di introdurre un commento multilinea si
può utilizzare la seguente notazione:

```
/* commento su più linee...
    .... segue...
*/
```

dove evidentemente i simboli /* servono per iniziare il commento
mentre i simboli */ servono per indicare al compilatore la fine del
commento stesso.

Osservazione

Utilizzare nei programmi un numero adeguato di commenti è una
pratica molto importante.
Il programmatore infatti potrà rileggere il suo programma anche a
distanza di tempo e comprenderlo con maggiore facilità.
L'uso dei commenti, quando si lavora all'interno di un gruppo di
sviluppo, è spesso pratica obbligatoria.

6.5.2 La conversione esplicita

Se si può affermare che la conversione implicita sia in qualche

modo garantita dal compilatore, il quale verifica la compatibilità dei tipi prima di effettuare le conversioni, la conversione implicita è totalmente responsabilità del programmatore.

Il compilatore per così dire "chiude un occhio" a tempo di compilazione e accetta passivamente le operazioni di conversione imposte dal programmatore ma se in fase di esecuzione qualche tipo si rivela incompatibile allora il programma va in crash irrimediabilmente e l'esecuzione si blocca in modo anomalo.

Definizione

Un tipo T è compatibile con il tipo S se ogni valore del tipo T è accettato in qualsiasi contesto in cui sarebbe richiesto un valore di tipo S. Se T è compatibile con S non è detto che S sia compatibile con T.

L'operazione di conversione esplicita (o cast) si effettua indicando tra parentesi tonde il *tipo* di destinazione prima dell'espressione da convertire, come mostrato dai seguenti esempi.

```
double d=121.3;
int a=(int) d;
```

cast

```
double d=123.321;
float f=(float) d;
```

Nel primo esempio la variabile a assumerà il valore 121. Per non incappare in errori a tempo di esecuzione il programmatore dovrà accertarsi che il numero reale da convertire in intero non sia troppo grande e che la parte decimale possa essere ignorata.

Anche nel secondo esempio sarà compito del programmatore assicurarsi che il valore *double* da convertire in *float* sia sufficientemente piccolo da poter essere rappresentato come valore appartenente a quest'ultimo tipo di dato.

Il C# dispone anche di una classe di conversione che può essere usata per altre tipologie di cambiamento di tipi. La classe di conversione è la classe **Convert** e la sintassi d'uso è la seguente:

Convert.To<tipo di destinazione> (<espressione da convertire>);

Grazie a questa classe si possono scrivere istruzioni come le seguenti.

```
string s="123,321";
double d=Convert.ToDouble(s);
```

Il lettore deve prestare molta attenzione alle conversioni esplicite; nell'esempio precedente infatti il compilatore non può prevedere quali valori assumerà la variabile stringa s.

Se durane l'esecuzione del programma si assegna ad s un valore che non può essere convertito in double, si verifica un crash a tempo di esecuzione, come mostrato nel seguente esempio.

Esempio
```
string s= "ciao";
double d=Convert.ToDouble(s); //errore
```

Il lettore è invitato a sperimentare la classe di conversione digitando Convert seguito dal punto "." ed esplorando tutte le sue possibilità.

Osservazione

Nella classe di conversione Convert si utilizzano nomi di tipi leggermente differenti rispetto alla nomenclatura utilizzata nella dichiarazione di variabili. Ad esempio gli interi si chiamano Int32 mentre gli interi corti (short) sono chiamati Int16, in relazione al numero di bit impiegati per la loro rappresentazione.

Esercizi

1. Spiega cosa si intende per *casting* e *coercion*.

2. Descrivi il funzionamento della conversione di tipi implicita.

3. Mostra un esempio in cui non può avvenire la conversione implicita e spiegane i motivi.

4. Spiega in che modo la conversione implicita può portare a risultati inattesi.

5. Fornisci la definizione di tipi compatibili.

6. Descrivi l'operazione di conversione esplicita e illustrane la sintassi.

7. Descrivi l'uso della classe *Convert* del C#. Fornisci alcuni esempi.

8. Dato il seguente ambiente ed il seguente stato:

   int a=5; int b=15; float f=0; string s; double d=12.4;

individua le conversioni corrette ed indica i valori finali, individua le conversioni errate e spiegane i motivi.

- d=f;
- f=d;
- f=(double)d;
- f=a;
- f=a/b;
- f=(float)a/b
- s=Convert.ToString(a/b);

6.6 Il problema dell'overflow

L'overflow è il verificarsi di una situazione di errore non gestibile dovuta all'impossibilità di completare la memorizzazione di un valore troppo grande rispetto allo spazio di memoria riservato.

Quando si verifica un *overflow* il programma si comporta in due modi differenti a seconda che si sia deciso di considerare o di ignorare l'overflow.

Il c# per impostazione di default ignora l'overflow relativo all' operatore di somma per i numeri interi (e interi lunghi); in caso di overflow vengono letteralmente "buttati via" i bit più significativi che eccedono la massima posizione utile. Nel caso invece dei numeri in virgola mobile l'overflow è ignorato quando si supera di poco il massimo numero rappresentabile, restituisce invece "*+infinito*" quando il trabocco è di dimensioni maggiori.

Il risultato di un'operazione che genera overflow può essere estremamente ingannevole e di difficile spiegazione, per questo motivo è compito del programmatore assicurarsi di aver dimensionato le variabili in modo ragionevole utilizzando i tipi appropriati.

Il seguente esempio mostra l'effetto di una somma (incremento unitario) affetta da overflow.
Si dichiari la variabile intera a e gli si assegni il massimo valore intero consentito.

int a=int.MaxValue;

(*int.MaxValue* è una costante simbolica predefinita e rappresenta il numero 2147483647 che corrisponde alla stringa binaria 01111111111111111111111111111111);

Sommando 1 a questo numero si va a modificare il bit relativo al segno e la somma restituisce un risultato sbagliato:

a++;

produce come risultato la stringa binaria:

10000000000000000000000000000000

che corrisponde al numero decimale -2147483648;

In pratica sommando 1 ad un numero positivo si ottiene il più piccolo numero intero negativo rappresentabile.

Questo tipo di comportamento rappresenta una criticità per chi sviluppa programmi, infatti se non si presta molta attenzione ci si ritrova con degli errori estremamente complessi ed apparentemente inspiegabili.

L'overflow derivante invece da una divisione per zero genera sempre un'eccezione a tempo di esecuzione ed arresta il programma in modo critico.

6.6.1 Verifica automatica di overflow ITIS

Il linguaggio C# permette di eseguire le operazioni aritmetiche in modalità *checked* (overflow controllato) o in modalità *uncheked* (overflow ignorato).

Se non si specifica nessuna parola chiave la modalità predefinita è *unchecked*. In questa modalità l'overflow può produrre dei risultati inattesi, come mostrato nel precedente esempio.

Per utilizzare la modalità *checked* è sufficiente indicare la seguente keyword prima di un blocco istruzioni, usando la sintassi:

checked

```
{
    <sequenza istruzioni>;
}
```

Esercizi

1. Spiega cosa si intende per *overflow*.

2. Descrivi il comportamento di un programma C# in cui si verifica *overflow* in una somma tra interi.

3. Mostra un esempio in cui un *overflow* in una somma tra interi genera un risultato particolarmente ingannevole.

4. Spiega cosa succede durante un tentativo di divisione per zero.

5. Quale strategie può utilizzare il programmatore se non vuole ottenere *overflow* quando somma due numeri interi?

-------ITIS-----------------

6. Descrivi l'istruzione C# che permette di controllare l'overflow tra una somma di interi.

Curiosità

La storia è piena di incidenti più o meno gravi dovuti ad un uso non corretto delle variabili o ad una cattiva loro interpretazione e/o inizializzazione. Seguono alcuni esempi eclatanti tratti da Internet.

Il 22 luglio 1962, la sonda automatica Mariner 1 decolla da Cape Canaveral, ma invece di dirigersi verso Venere, subito dopo il lancio piega a sinistra e punta verso il basso. La NASA è costretta a farla esplodere in volo per evitare che causi danni precipitando intera.

Il rapporto pubblicato in seguito dalla NASA ammette che la causa dell'errore è un singolo trattino mancante da una riga di codice Fortran del programma di guida automatica della sonda. Secondo il rapporto, *"in qualche modo, un trattino era stato eliminato dal programma di guida caricato sul computer, consentendo ai segnali errati di ordinare al razzo vettore di deviare a sinistra e puntare il muso verso terra. Costo dell'incidente: 80 milioni di dollari.*

Il 4 giugno 1996 viene lanciato per la prima volta il vettore Ariane 5, punta di diamante del programma spaziale europeo. Dopo 39 secondi di volo interviene il sistema di autodistruzione, trasformando l'Ariane 5 e il suo carico in quello che è stato definito *"il più costoso fuoco d'artificio della storia".*

Non ci sono vittime, dato che il missile non ha equipaggio e i frammenti dell'esplosione cadono in una zona disabitata della Guiana francese, ma i danni economici sono ingentissimi (l'equivalente di 1 miliardo di euro). Il disastro avviene perché un programma del sistema di navigazione tenta di mettere un numero a 64 bit in uno spazio a 16 bit.

Risultato: *overflow*, spegnimento del sistema di guida, e trasferimento del controllo al secondo sistema di guida, che però essendo progettato allo stesso modo è già andato in tilt nella medesima maniera pochi millisecondi prima. Privo di guida, il vettore si autodistrugge. Ironia della sorte, la funzione di conversione difettosa che causa lo spegnimento del sistema di guida non ha alcuna utilità pratica una volta che l'Ariane è partito: serve soltanto per allineare il vettore con le coordinate celesti prima del lancio (l'Ariane ha un sistema di navigazione inerziale). Ma i progettisti avevano deciso di lasciarla attiva per i primi 40 secondi di volo in modo da facilitare il riavvio del sistema se si fosse verificata una breve interruzione nel conto alla rovescia.

Il Mars Climate Orbiter e il Mars Polar Lander erano due veicoli spaziali automatici che dovevano studiare il clima marziano: il primo doveva stare in orbita mentre il secondo atterrava.

Ma il 23 settembre 1999, il Climate Orbiter ebbe un errore di navigazione, per cui penetrò nell'atmosfera marziana a una quota troppo bassa, invece di collocarsi in un'orbita stabile, e finì per distruggersi. La Lockheed Martin, un subappaltatore della Nasa, aveva usato le unità di misura anglosassoni (tuttora utilizzate negli Stati Uniti) invece di quelle del sistema metrico decimale specificate dalla Nasa, per calcolare la spinta dei motori, come racconta CNN. Lo sbaglio costò 125 milioni di dollari.

Non andò meglio al Polar Lander, che non diede mai segni di vita dopo l'arrivo il 3 dicembre 1999: secondo il rapporto della Nasa, le vibrazioni delle gambe d'atterraggio della sonda furono interpretate dai sistemi di bordo come un segnale di contatto con il suolo. Credendosi arrivata a terra quando in realtà era ancora a 40 metri d'altezza, la sonda spense i motori e si sfracellò come un sasso da 165 milioni di dollari, come riferisce Space.com.

http://attivissimo.blogspot.com/2007/11/disastri-informatici-la-compilation.html

6.7 Tipi di dato in C (I.T.I.S.)

Il C ANSI ha decisamente meno tipi di dato predefiniti rispetto al C# ma, trattandosi del suo progenitore, ne rispecchia completamente la sintassi.

La seguente tabella mostra i principali tipi di dato in C e la sintassi per la dichiarazione di variabili di quel tipo.

Tipo di dato	Descrizione	Dichiarazione
char	intero di 8 bit	char c;
int	Intero della dimensione di una parola di macchina.	int k;
float	Numero reale la cui dimensione dipende dall'architettura. Solitamente 32 bit	float f;
double	Numero reale che usa il doppio dei bit usati dal tipo float	Double d;

A partire da questi tipi di dato è possibile specificare ulteriormente gli intervalli rappresentabili utilizzando i qualificatori dimensionali:

- short;
- long;

e il qualificatore aritmetico:

- unsigned.

Ad esempio:

short int x;   //(forma abbreviata: *short* x;)

è una dichiarazione di variabile la cui dimensione in memoria è minore o uguale a quella di una variabile di tipo int.
Analogamente:

long double z;

occuperà uno spazio di memoria maggiore o uguale a quanto occupato da variabili di tipo *double*.

Il qualificatore *unsigned* si applica insieme ai valori interi e determina l'uso di una aritmetica senza segno, analogamente a quanto succede nel C#.

Rispetto al C# il C ANSI è più permissivo quando si tratta di effettuare cast impliciti.

Un esempio è la possibilità di assegnare un numero ad una variabile di tipo *char* e di trattare i caratteri esattamente come numeri della dimensione di 1 byte.

Osservazione

Il C ANSI non prevede le stringhe come tipo predefinito ma le tratta come sequenze di caratteri concatenati tra loro. La loro trattazione sarà approfondita più avanti quando si parlerà di puntatori e di tipi derivati.

Esempio

Per comprendere le dimensioni dei tipi di dato di base in C ANSI si scriva il seguente frammento di codice:

```
#include <stdio.h>
int main()
{
    printf("La dimensione di un char    e'%d\n", sizeof(char));
    printf("La dimensione di un int     e'%d\n", sizeof(int));
    printf("La dimensione di uno short  e'%d\n", sizeof(short));
    printf("La dimensione di un long    e'%d\n", sizeof(long));
    printf("La dimensione di un float   e'%d\n", sizeof(float));
    printf("La dimensione di un double  e'%d\n", sizeof(double));
    printf("La dim. di un long double   e'%d\n",sizeof (long double));
    return 0;
}
```

Compilando ed eseguendo il programma si dovrebbe ottenere il seguente output rappresentante le dimensioni dei vari tipi espresse in byte.

```
La dimensione di un char     e'  1
La dimensione di un int      e'  4
La dimensione di uno short   e'  2
La dimensione di un long     e'  4
La dimensione di un float    e'  4
La dimensione di un double   e'  8
La dim. di un long double    e' 12
```

Il cast di tipi in C ANSI si effettua esattamente con la stessa sintassi vista per il C#, con la differenza che in C non è presente la classe di conversione *Convert.*

149

Il lettore è invitato a svolgere i precedenti esercizi relativi al C# in ambiente C ANSI.

Osservazione

La definizione di costanti simboliche in C può avvenire specificando la direttiva *#define* seguita dal nome e dal valore della costante, come ad esempio:

#define BASE 21

che costruisce una costante simbolica intera che vale 21.

6.8 Tipi di dato in Visual basic (I.T.C.)

Il VB è un compilatore molto versatile con una grande capacità di effettuare la conversione implicita *coercion* in un gran numero di casi.

È utile spendere due parole per descrivere brevemente questo potente linguaggio il quale, grazie alla sua versatilità e rapidità con la quale permette di realizzare programmi, ha avuto negli anni una diffusione vastissima.

Una delle caratteristiche più apprezzate del VB, oltre alla sua capacità di effettuare *coercion* senza "disturbare" il programmatore, è quella di essere case-insensitive, ovvero di non richiedere la precisazione di maiuscole o minuscole nelle sue istruzioni. Inoltre non è richiesto il punto e virgola di fine istruzione e la fine della riga stessa coincide con la fine dell'istruzione.

Se si vuole scrivere un'istruzione particolarmente lunga per la quale, per motivi di leggibilità è preferibile andare a capo, è sufficiente terminare la riga con il simbolo _ (underscore).

Queste caratteristiche di VB lo rendono uno strumento sicuramente molto rapido per lo sviluppo di applicazioni ma allo stesso tempo possono generare insidiosi errori di programmazione nascosti piuttosto difficili da trovare.

I tipi presenti in VB sono molto simili a quelli del C# ma la loro dichiarazione avviene in modo leggermente differente.

La seguente tabella mostra i tipi di base del VB con le relative dichiarazioni.

Tipo di dato	Descrizione	Dichiarazione
Byte	intero senza segno di 8 bit	Dim y As Byte
Boolean	Booleani della dimensione di 2 byte.	Dim b As Boolean
Integer	Numero intero con segno di 16 bit	Dim i as Integer
Long	Numero intero con segno di 32 bit	Dim L as Long
Currency	Numero decimale in grado di utilizzare 15 cifre per la parte intera e 5 cifre per la parte decimale.	Dim c As Currency
Single	Numero reale in virgola mobile rappresentato con 32 bit	Dim x As Single
Double	Come il Single ma usa 64 bit	Dim z As Double
Date	Usato per rappresentare date e orari. Usa 64 bit.	Dim oggi As Date

String	Usato per la memorizzazione di sequenze di caratteri. Se non si specifica la dimensione può contenere 63 kB di caratteri circa.	Dim s As String Oppure Dim j As String*15 (limita a 15 il numero max di caratteri memorizzabili)
Variant	Usato per memorizzare valori di qualunque tipo di dato. È molto flessibile ma poco efficiente.	Dim h As Variant

Il lettore dovrebbe prestare molta attenzione all'uso di operazioni di conversione implicite; il VB, infatti, accetta espressioni del tipo:

Dim a As Integer
Dim b As Integer
Dim c As String
a= "123"
b= "456"

In questi casi il contenuto delle variabili stringa viene trasformato (se possibile) in valori interi e le successive operazioni tra di essi sono eseguite proprio come su valori interi ma rimangono comunque valide le operazioni sulla stringa.
L'istruzione:

c=a+b

assegna a c il valore 579.

Mentre l'istruzione

c=a & b

assegna a c il valore stringa "123456"

Osservazione

L'operatore di concatenazione tra stringhe, che in C# era lo stesso utilizzato per la somma (+), in VB è il carattere **&**.

Osservazione

Il commento in VB inizia necessariamente con un carattere apice davanti al commento stesso e termina con la fine della riga. Per esempio `questo è un commento.

Osservazione

La definizione di costanti simboliche in VB avviene specificando l'istruzione *Const* seguita dal nome, dal tipo e dall'assegnamento del valore della costante, come ad esempio:

Const ALTEZZA As Integer = 121

che costruisce una costante simbolica intera che vale 121.

In VB è anche possibile utilizzare variabili senza che queste siano state dichiarate.

Dal momento del loro primo utilizzo queste variabili saranno di tipo Variant.

Questa possibilità si è però rivelata negli anni come la prima causa di errori nel codice ed è dunque stata classificata come una delle componenti che maggiormente influenza i costi di messa a punto di un programma.

Per questo motivo è caldamente consigliato disabilitare questa possibilità scrivendo all'inizio di ogni modulo l'istruzione:

Option Explicit

la quale rende obbligatoria in tutto il modulo la dichiarazione di variabile.

Conclusioni

Questa unità di apprendimento, piuttosto ricca ed articolata è servita per raggiungere un importante obiettivo formativo: l'introduzione alla programmazione.

Le prossime UA saranno dedicate al miglioramento delle conoscenze/competenze/abilità nell'arte del programmare e tratteranno i costrutti di controllo più evoluti presenti in un linguaggio di programmazione.

A questo punto del testo dovrebbe iniziare ad essere chiaro che l'essenza della programmazione non è legata al particolare tipo di linguaggio scelto, oppure alle differenti architetture hardware o software sulle quali si è chiamati ad intervenire.

La logica della programmazione è semplicemente la trasformazione di un'idea di soluzione in un algoritmo, attraverso un qualunque linguaggio.

La bontà della soluzione determinerà la bontà dell'algoritmo e, infine, la bontà del progetto software.

Nonostante le difficoltà che il lettore dovrà ancora affrontare per impadronirsi dei concetti della programmazione, la vera sfida che si presenta davanti ad ogni programmatore è quella di riuscire ad individuare una soluzione quanto più pulita, efficiente e corretta del problema che deve risolvere.

Esercizio di fine UA

Scrivi una relazione finale cercando di descrivere (sintetizzando) quello che hai appreso nella UA. Per fare questo ti suggeriamo di rileggere attentamente le UA e di suddividere il lavoro per parti. Una volta assemblata la relazione potrai conservarla e rileggerla ogni volta che avrai bisogno di rinfrescare i concetti trattati.
(Ti tornerà utile anche per le verifiche che dovrai affrontare).

7. Strutture di controllo

Nel formulare l'algoritmo risolutivo per un determinato problema, spesso si ha la necessità di operare delle scelte, di ritornare indietro al passo precedente o di ripetere qualche operazione finché non si verifica una particolare condizione.

Ad esempio l'algoritmo per la cottura della pasta prevedeva un ciclo tra i passi:

- osservo l'acqua
- l'acqua è in ebollizione?
- se l'acqua non bolle aspetto un po' e poi ritorno al punto precedente (ciclo);
- se è invece bolle eseguo il prossimo passo...

In questo segmento di algoritmo c'è un momento in cui si deve operare una scelta e, nel caso in cui non sia verificata la condizione booleana (l'acqua bolle?), si deve attendere un certo tempo e ripetere le precedenti istruzioni.

La potenza dei linguaggi di programmazione sta proprio nella loro capacità di permettere di formalizzare tutti questi meccanismi.

7.1 La sequenza

Una sequenza di istruzioni, chiamata anche blocco, è un costrutto che permette di eseguire le istruzioni che racchiude (zero o più) secondo l'ordine in cui sono scritte.

All'interno di una sequenza possono esserci istruzioni semplici e/o strutturate ed è individuata da un delimitatore di inizio e da uno di fine, che nel caso delle famiglie del C sono relativamente la parentesi graffa aperta "{" e quella chiusa "}".

Inoltre, le istruzioni che compongono un blocco vengono eseguite come se si trattasse di un'istruzione unica.

Un esempio di sequenza istruzioni è il seguente:

```
{
    int x=10;
    double y=x;
    y++;
}
```

Osservazione

Si noti il modo di scrivere il codice per indicare visivamente il fatto che le tre istruzioni appartengono ad una sequenza. Questa tecnica ampiamente utilizzata nella programmazione prende il nome di **indentazione** per via dei dentelli rettangolari immaginari che si notano osservando il margine sinistro del codice sorgente, dall'alto al basso, come mostrato nella seguente figura.

```
{
 ---- int x=10;
     double y=x;
 ---- y++;
}
```

Anche la sequenza vuota è una sequenza valida ed è indicata dai soli simboli di inizio e fine sequenza, oppure non indicando affatto tali simboli.

```
{}
```

Osservazione

La sequenza contenente una sola istruzione può essere sostituita dall'istruzione stessa in quanto l'unica istruzione contenuta nella sequenza coincide, ai fini dell'esecuzione, con la sequenza stessa.

Osservazione

Nei linguaggi come il C (C#, C++, Java, etc) non è ammesso il punto e virgola dopo la parentesi graffa chiusa di fine sequenza.

La definizione formale della sequenza, secondo il formalismo EBNF, è la seguente:

<seq. istr.>::=<istr. vuota>| <istruzione>; {

{<istruzione>;}

}

Anche in questo caso si è voluto evidenziare l'indentazione pur non essendo quest'ultima una prassi obbligatoria ai fini del funzionamento del programma.

L'ultima produzione della sequenza istruzioni poteva essere scritta come:

<seq. istr.>::= **{**{<istruzione>;}**}**

ma la comprensibilità di tale notazione sarebbe stata decisamente minore.

Il lettore faccia attenzione a non confondere i simboli terminali **{** e **}** con i simboli speciali di ripetizione del formalismo EBNF: {}.

7.2 La selezione semplice

La selezione semplice è un meccanismo fondamentale che permettere di modificare il flusso logico di un programma nel caso in cui si verifichino o meno le condizioni booleane di controllo.

Il suo funzionamento è analogo al simbolo di selezione dei diagrammi di flusso (il rombo) e la sua sintassi è la seguente.

<sel. semplice>::=   **if** (*<espressione booleana>*)

                     <sequenza di istruzioni>

        (**else**

            <sequenza istruzioni alternative>)

Esplicitando le sequenze si ottiene una rappresentazione più chiara della sintassi, nella quale compaiono anche le parentesi graffe e i punti e virgola, come mostrato sotto.

```
<sel. semplice>::=    if (<espressione booleana>)
                      {
                              <istruzione>;
                              <istruzione>;
                              ...
                      }
                      else
                      {
                              <istruzione>;
                              <istruzione>;
                              ...
                      }
```

Questo costrutto funziona nel seguente modo: si valuta innanzitutto l'espressione booleana: se questa è vera (true) allora si eseguono le istruzioni contenute nel primo blocco, altrimenti (se esistono) si eseguono quelle contenute nel blocco "else", che come si vede dalla rappresentazione della sintassi è opzionale.

Nella sua forma più semplice l'istruzione *if* non contiene sequenze e manca il blocco *else*, come mostra il seguente esempio di codice in C#.

```
...
if (x>0)
    x=x+3;
```

Inserendo invece il blocco *else* si ottengono controlli più complessi, come mostrato dal seguente segmento di codice affiancato da una porzione di diagramma di flusso.

...

if (x>0)

    x=x+3;

else

    x=x-2;

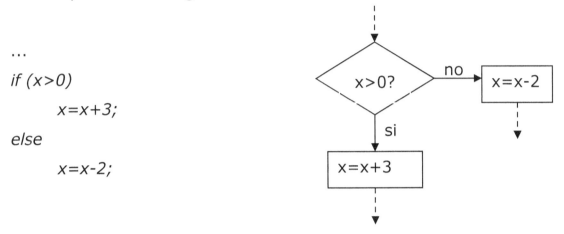

Se si devono utilizzare sequenze di istruzioni è sufficiente indicare le parentesi di inizio e fine sequenza, come mostrato nel seguente esempio.

Si supponga di aver dichiarato 4 variabili intere: (x,y,z,w;) e di voler effettuare i seguenti passi:

- assegnare un valore intero casuale alla variabile w;
- se w > 10 allora assegnare a y il valore w-5, a z il valore y*2 e a x il valore y;
- altrimenti, (significa che w <= 10) assegnare il valore costante 15 a tutte le altre variabili.

La soluzione formalizzata in termini di diagramma di flusso è mostrata nella figura sotto.

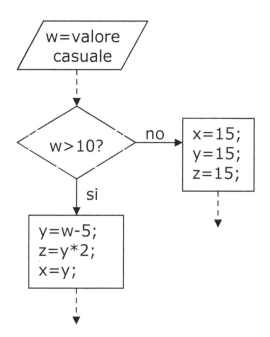

La relativa traduzione del diagramma in un formalismo tipico dei linguaggi di programmazione è data dalle seguenti righe di codice.

```
...
w=<valore casuale>;
if (w>10)
{
      w=w-5;
      z=y*2;
      x=y;
}
else
{
      x=15;
      y=15;
      z=15;
}
```

Come ulteriore esempio si supponga di voler scrivere un programma che, ad un certo punto della sua elaborazione, controlla il valore di una variabile s di tipo *string*, e assegna il valore "evviva!" ad una seconda variabile t sempre di tipo *string,* solo se la prima ha il valore "oro".

```
...
string s, t;   //si osservi la dichiarazione multipla di variabili nella stessa istruzione

...
if (s=="Oro")
     t=" evviva!";
```

Come si può notare sono state omesse le parentesi graffe di inizio e fine sequenza infatti il corpo dell' *if* contiene una sola istruzione.

In alternativa si sarebbe potuto scrivere il seguente codice:

```
 ...
if (s=="Oro")
{
     t=" evviva!";
}
```

che è perfettamente equivalente al primo ma utilizza inutilmente i simboli delle sequenze.

La rappresentazione mediante diagramma di flusso del precedente esempio è mostrata in figura.

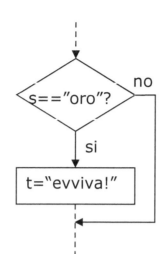

7.2.1 Annidamento di istruzioni di selezione

Il termine *Annidato* o *Nidificato* (in inglese *Nested*) è utilizzato per descrivere una particolare situazione nella quale due o più istruzioni possono trovarsi racchiuse una dentro l'altra.

Si supponga ad esempio di aver dichiarato tre variabili intere (a,b,c) e di voler rappresentare la seguente situazione:

Se, ad un certo punto del programma, si verifica che a<0, allora si deve controllare il valore della variabile b; se anche questo è minore di 0 si vuole assegnare alla variabile c il valore 15, altrimenti (se è b>=0) si vuole che c valga 200, altrimenti (se a>=0) si vuole assegnare il valore 0 alla variabile c.

Questa situazione, che a prima vista può apparire piuttosto complicata, si risolve facilmente facendo ricorso al diagramma di flusso, come illustrato nella seguente figura.

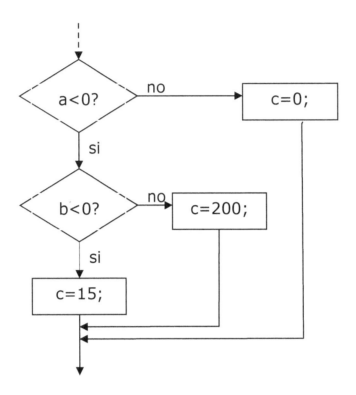

Traducendo il precedente diagramma in codice C# si ottiene il seguente segmento di programma.

```
...
if (a<0)
{
    if (b<0)
        c=15;
    else
        c=200;
}
else
    c=0;
```

Anche in questo caso scrivere il codice indentato permette di cogliere chiaramente quali istruzioni sono racchiuse (annidate) dentro quali altre.

Se si tracciano delle linee immaginarie si possono facilmente riconoscere le istruzioni più interne come appartenenti al blocco più interno.

La seguente figura mostra quanto detto.

```
...
if (a<0)
   {
      if (b<0)
            c=15;
      else
            c=200;
   }
else
      c=0;
```

Nel precedente esempio la variabile c assume il valore 15 esclusivamente se sia a che b sono minori di zero. Se è a<0 ma b maggiore o uguale a zero c assume il valore 200. Infine se è a maggiore o uguale a zero c assume il valore 0.

Quando si effettuano annidamenti è importante che le istruzioni più interne siano completamente definite nel blocco in cui si trovano, infatti, non si possono intersecare le istruzioni più interne con quelle più esterne.

È consigliabile non spingersi troppo nei livelli (teoricamente infiniti) di nidificazione dell'*if* se non ci si vuole ritrovare davanti ad un codice incomprensibile.

In alternativa è possibile utilizzare gli operatori booleani per descrivere in modo più chiaro le condizioni che altrimenti risulterebbero in cascata, come mostrato nel seguente esempio.

Esempio

Il seguente annidamento:

```
if <espr. bool 1>
{
    if <espr. bool 2>
    {
        if <espr. bool 3>
            {
                <sequenza di istruzioni 1>
                ...
            }
    }
}
```

potrebbe essere riscritto come:

```
if (<espr. bool 1> && <espr. bool 2> && <espr. bool 3>)
{
    <sequenza di istruzioni 1>
    ...
}
```

Ovviamente non è sempre possibile scrivere tutte le condizioni allo stesso livello ma il lettore è invitato a cercare prioritariamente una soluzione quanto più "piatta" possibile, prima di optare per una soluzione che prevede la nidificazione spinta.

Come esempio applicativo delle istruzioni di selezione si costruirà un programma console (ovvero a riga di comando dunque senza finestre grafiche) in grado di leggere un valore numerico da tastiera e di scrivere a monitor se si tratta di un numero pari oppure dispari.

Il diagramma di flusso per questo esempio è il seguente.

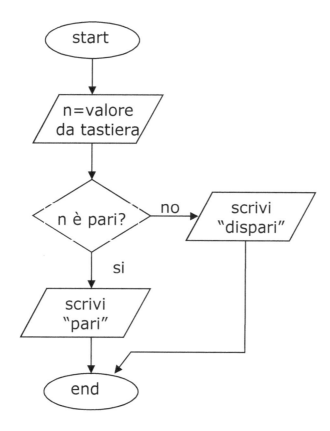

7.2.2 La selezione in pratica

Prima di tradurre il diagramma di flusso in programma è necessario descrivere alcune funzioni che si utilizzeranno.

La funzione di lettura di un valore da tastiera ha la seguente sintassi.

<Lettura>::=[<var. stringa>=] **Console.Readline();**

In pratica si tratta di definire una variabile di tipo string che conterrà il dato inserito dalla tastiera.

Come si vede alla sintassi, la variabile può anche non esserci. In altre parole è lecito scrivere l'istruzione:

Console.readline();

che, non avendo un L-Value, produce solo l'effetto di sospendere l'elaborazione del programma e di attendere un dato da tastiera. Inserito il dato questo viene perso e l'elaborazione prosegue.

Si vedrà come questa istruzione da sola sia comoda per sospendere il programma in modo da permettere la lettura dei dati in output sullo schermo.

Per il programma che si deve realizzare invece è necessario catturare l'input per poterci fare delle elaborazioni.

Ad esempio, le seguenti istruzioni:

string s;
s=*Console.ReadLine()*;

permettono di trasferire dentro la variabile s la sequenza di caratteri digitati da tastiera e terminati dal tasto invio.

A questo punto è necessario effettuare una conversione di tipi per trasformare l'input in un numero in modo da scoprire se si tratta di un numero pari o di un numero dispari.

Anche in questo caso il risultato della conversione dovrà essere "catturato" ed assegnato ad una variabile intera, come mostrato nel seguente segmento di codice.

int n;
n=*Convert.ToInt32(s);*

Adesso n conterrà il valore numerico del dato inserito da tastiera. A questo proposito è necessario digitare esclusivamente cifre numeriche per non incorrere nell'errore di conversione impossibile.

L'ultima cosa che occorre per completare la traduzione è la sintassi dell'operazione di scrittura a video:

<scrittura>::=**Console.WriteLine(**<espressione da stampare>**);**

Un esempio di scrittura è il seguente:

Console.WriteLine("Questa è una stringa"*);*

Il codice completo del programma d'esempio è riportato sotto.

```
int n; //dichiarazione di una variabile intera
string s;//dichiarazione di una variabile stringa
s = Console.ReadLine(); //lettura da tastiera
n = Convert.ToInt32(s);//cast di tipi
if (n % 2 == 0)//numero pari
    Console.WriteLine("Il numero è pari");//output standard
else
    Console.WriteLine("Il numero è dispari");

Console.ReadLine();//sospensione     del     programma     per
permettere la lettura dell'output da parte dell'utente
```

Per implementare ed eseguire questo programma si apra l'ambiente di sviluppo C# Express Edition e si costruisca una nuova applicazione Console, come mostrato nella seguente figura.

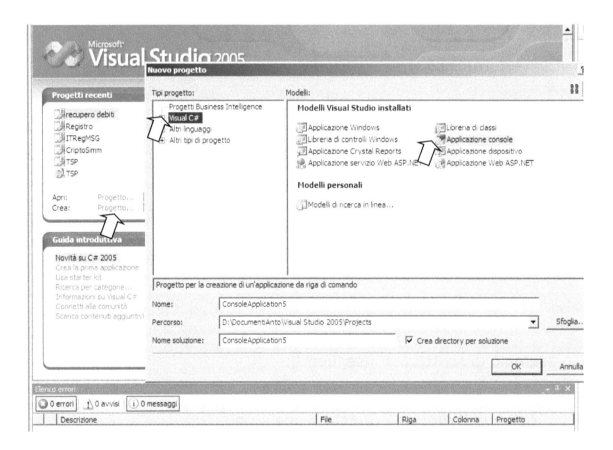

L'ambiente si aprirà mostrando il codice visualizzato sotto.

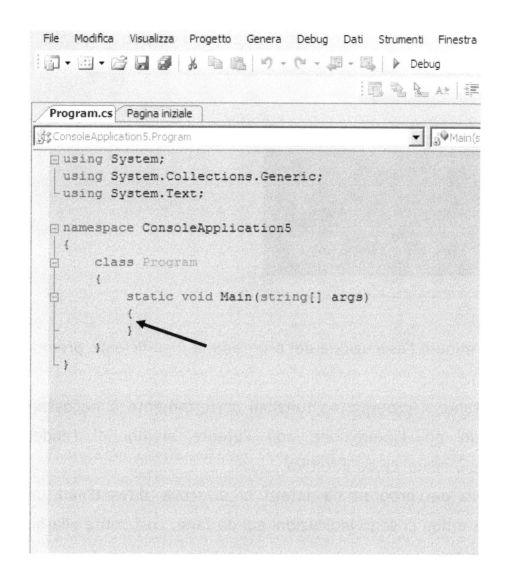

Ora è sufficiente copiare il codice all'interno del blocco Main, tra la parentesi graffa aperta e quella chiusa.

Il Main rappresenta il punto di avvio dei programmi Console. Tutto quello che si scriverà all'interno del blocco sarà eseguito immediatamente all'avvio del programma.

Per avviare l'esecuzione del programma è sufficiente cliccare con il mouse sull'icona di avvio oppure premere il tasto F5.

Dopo aver avviato il programma si inserisca un numero da tastiera e si prema il tasto Invio.

Se tutto funziona si dovrebbe ottenere l'output mostrato in figura sotto.

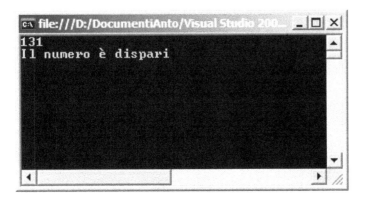

Per terminare l'esecuzione del programma è sufficiente premere Invio.

Nonostante il programma funzioni correttamente è necessario migliorare un po' l'interazione con l'utente ai fini di rendere l'interfaccia più semplice ed intuitiva.

All'avvio del programma infatti ci si trova davanti ad una finestra nera e non ci sono indicazioni sul da farsi, così come alla fine dell'elaborazione.

In pratica si deve suggerire all'utente quale procedura può fare e come deve comportarsi per completare il programma.

Le modifiche discusse cambiano il diagramma di flusso nel seguente modo.

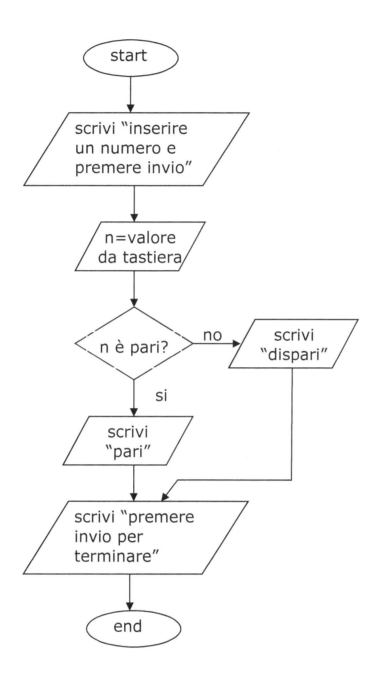

Le modifiche apportate al diagramma di flusso devono essere riportate nel codice del programma, il quale si trasforma come mostrato sotto.

```
int n; //dichiarazione di una variabile intera
string s;//dichiarazione di una variabile stringa
```

```
//suggerimento per l'utente:
Console.WriteLine("Inserire un numero e premere Invio");
```
```
s = Console.ReadLine(); //lettura da tastiera
n = Convert.ToInt32(s);//cast di tipi
if (n % 2 == 0)//numero pari
    Console.WriteLine("Il numero è pari");//output standard
else
    Console.WriteLine("Il numero è dispari");
```
```
//suggerimento per l'utente:
Console.WriteLine("Premere Invio per terminare");
```

```
Console.ReadLine();//sospensione    del    programma    per
permettere la lettura dell'output da parte dell'utente
```

Con queste piccole modifiche si è reso il programma più amichevole, (in inglese User-Friendly), come mostrato nella figura sotto.

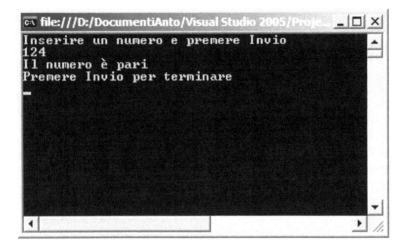

Esercizio

Realizza diagramma di flusso e codice C# che realizzano le seguenti specifiche e mostra il risultato a video:

1. Dopo aver dichiarato 2 variabili int a, string b, controlla il valore di a:
se a è multiplo di 5 allora assegna a b il valore "multiplo di 5", altrimentii assegna a b il valore "non multiplo".

2. Dopo aver dichiarato 4 variabili intere (a,b,c,d), verifica il valore di a+b: se questo valore è compreso
tra 10 e 20 allora verifica il valore di a-c: se questo valore è non negativo allora assegnare a d il valore di a+b+c, altrimenti (se a-c è negativo) assegna a d il valore 0, altrimenti (se a+b non è compreso tra 10 e 20) assegna a d il valore −150.

3. Inventa a piacere 5 segmenti di programma che utilizzano la selezione semplice, rappresentandoli prima mediante diagramma di flusso e poi come codice sorgente C#.

7.3 Selezione multipla

Nella fase di progettazione di un'applicazione può capitare, nel verificare il valore di una certa espressione, di dover scegliere un'alternativa per ogni range di valore.

Si supponga ad esempio, di dover monitorare il funzionamento di una centrale idroelettrica, ed in particolare:

- si misura la portata delle condotte dell'acqua e si decide ad ogni decremento di 2 m^3/sec di acqua di aprire una chiusa in più, viceversa ad ogni incremento di 2 m^3/sec si chiude una delle 3 valvole di aggiustamento presenti in impianto. Si supponga che la portata iniziale sia di 10 m^3/sec; il diagramma di flusso è il seguente.

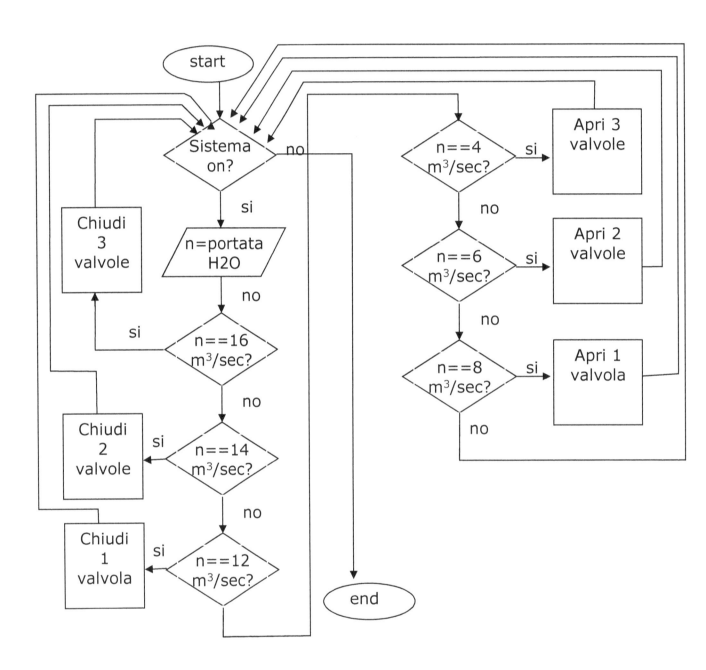

Il lettore provi per esercizio a trasformare questo diagramma di flusso in un programma C#.

La trasformazione in codice del precedente diagramma prevede l'uso di numerose istruzioni *if* annidate e la leggibilità del programma non è proprio immediata.

In tutti questi casi è possibile utilizzare il costrutto di selezione multipla il quale si comporta come un commutatore a più vie e permette di selezionare il ramo desiderato in base al valore dell'espressione.

La sintassi del selettore multiplo (switch) è la seguente.

```
switch (<espressione>)
{
    case <valore1>:
        <seq. istruzioni1>
        break;
    case <valore2>:
        <seq. istruzioni2>
        break;
    case <valore3>:
        <seq. istruzioni3>
        break;
    ...
    case <valore n>:
        <seq. istruzioni n>
        break;
    default:
        <seq. istruzioni1>
        break;
}
```

Utilizzando una notazione più compatta EBNF si poteva scrivere la seguente sintassi totalmente equivalente.

```
switch (<espressione>)
{
    case <valore>:
        <seq. istruzioni>
        break;
    case <valore>:
        <seq. istruzioni>
        break;
    default:
        <seq. istruzioni1>
        break;
}
```

Le differenze rispetto al costrutto di selezione semplice sono le seguenti:

- l'espressione della guardia può essere di qualunque tipo a differenza dell'espressione del costrutto *if* che deve necessariamente essere booleana;
- per sua natura lo *switch* permette di rappresentare molte alternative senza dover ricorrere all'annidamento;

Il funzionamento dello *switch* è il seguente: si valuta l'espressione della guardia e si esegue il ramo *case* il cui valore corrisponde al valore attuale della guardia.

Se non si trova nessuna corrispondenza di valore si esegue, se esiste, il ramo *default*, che come si capisce dalla sintassi è opzionale.

In termini di diagrammi di flusso lo *switch* si rappresenta estendendo la figura del rombo ad un poliedro avente tanti vertici quante sono le scelte.

Il precedente diagramma di flusso, tralasciando i dettagli sull'accensione del sistema di monitoraggio, si trasforma nel seguente:

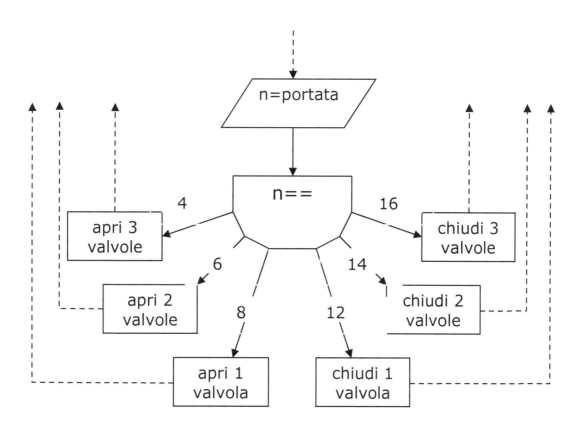

Il codice C# relativo a questo diagramma è il seguente:

```
switch (n)
{
    case 4:
        //<apri 3 valvole>
        break;
    case 6:
        //<apri 2 valvole>
        break;
    case 8:
        //<apri 1 valvola>
        break;
    case 12:
        //<chiudi 1 valvola>
        break;
    case 14:
        //<chiudi 2 valvole>
        break;
    case 16:
        //<chiudi 3 valvole>
        break;
}
```

Naturalmente la parte di pseudo-codice racchiusa tra parentesi angolari <apri/chiudi valvole> dovrà contenere il codice in grado di pilotare effettivamente le valvole del bacino idrico attraverso opportuni comandi da inviare alla porta seriale o ad un'altra interfaccia di controllo.

Osservazione

Anche la selezione multipla si presta ad annidamenti ma è raro che un problema necessiti effettivamente di istruzioni di selezione multipla annidata. Nel caso ci si trovi davanti a questa necessità si dovrebbe controllare attentamente l'analisi del problema per capire se tali istruzioni siano effettivamente necessarie.

Esercizi

Implementa mediante diagramma di flusso e codice C# i programmi relativi ai problemi elencati, utilizzando entrambi i tipi di costrutti di selezione.

1. Dopo aver dichiarato 3 variabili: int a; bool b; string s; controlla il valore di a:
se a==1 controlla il valore di b; se b ha valore "vero" assegna il valore "Uno, vero" a s; se b è falso assegna il valore "Uno, falso" a S; se invece a==2 non controllare il valore di b e assegna il valore "Due, boo" a s, altrimenti assegna il valore "Numero qualsiasi" ad s in tutti gli altri casi, fuorché per il caso in cui a=121 e b=Falso.

2. Dopo aver dichiarato 4 variabili intere (a,b,c,d), solo nel caso in cui d sia uguale ad uno qualunque dei seguenti numeri: (12,151,-7,44,18), verifica il valore di a*b; se questo valore è compreso tra 102 e 130 allora verifica il valore di a-c; se questo valore è non negativo allora assegna a d il valore di a+b+c, altrimenti (se a-c è negativo) assegna a d il valore 0, altrimenti (se a*b non è compreso tra 102 e 130) assegna a d il valore 1.

3. Inventa a piacere 5 segmenti di programma che utilizzano la selezione multipla, rappresentandoli prima mediante diagramma di flusso e poi come codice sorgente C#.

7.4 ITIS Costrutti di selezione in C ANSI

La sintassi per l'uso della selezione in C ANSI è uguale a quella del C#. Le differenze riguardano la sintassi per la lettura dell'input e per la generazione dell'output, come mostrato nel seguente esempio, nel quale si leggono due numeri da tastiera e si stampa a video il maggiore dei due.

```
#include <stdio.h> //definizioni standard input output
int main()
{
    int x,y,max;
    printf ("Scrivi due interi:"); //scrittura a video
    scanf("%d%d", &x,&y); //copia dei due valori in x e y
    if (y>=x)
        max=y;
    else
        max=x;

    printf("Il massimo e' %d.\n",max);
}
```

Osservazione

Le funzioni scanf e printf servono per leggere e scrivere mediante output standard. Nell'esempio precedente scanf legge due numeri interi in formato decimale (indicato dalla presenza delle due stringhe speciali "%d%d") e copia il valore all'interno delle variabili x e y, come indicato dal carattere & davanti alle variabili. Tale carattere specifica che si deve scrivere all'interno della variabile il cui indirizzo è quello legato all'identificatore che lo segue. Come è stato detto all'inizio del testo il C ANSI è il linguaggio a più basso livello tra i linguaggi ad alto livello, e tutte le operazioni devono essere esplicitate in fase di scrittura del programma.

Osservazione

Viste le forti analogie sintattiche tra C e C# si proseguirà la trattazione del resto del volume esclusivamente con il linguaggio C#

7.5 "Repetita iuvant"

Un altro aspetto importante alla base della programmazione è quello relativo alla possibilità di ripetere più volte una particolare sequenza di istruzioni.

Tutti i linguaggi di programmazione ad alto livello offrono gli strumenti che permettono di effettuare dei cicli ripetuti all'interno del flusso logico del programma.

In definitiva "ciclare" all'interno del codice significa re-iterare l'esecuzione di quelle istruzioni presenti all'interno del corpo del ciclo.

Supponiamo di volerci ricollegare al primo esempio di algoritmo visto nel capitolo 3 relativo alla cottura della pasta.

Ad un certo punto dell'algoritmo troviamo un controllo che ci costringe a tornare al punto precedente finché non si verifica una certa condizione (l'acqua bolle?).

In definitiva, per poter proseguire con l'elaborazione dei passi successivi, siamo costretti a ripetere più volte il controllo sulla condizione booleana relativa allo stato di ebollizione dell'acqua.

Questi circuiti ripetuti prendono il nome di cicli iterativi e per poterli rappresentare correttamente esistono dei costrutti ad hoc messi a disposizione da tutti i linguaggi di programmazione moderni.

7.5.1 Il ciclo while (precondizionale)

C# supporta diversi tipi di comandi iterativi che si differenziano, come vedremo, esclusivamente dal modo in cui sono valutate le condizioni booleane che servono per il proseguimento o l'uscita dal ciclo stesso.

Il più importante comando iterativo è indubbiamente il **while**; la sua sintassi in C# è data dal seguente formalismo:

while (<espressione booleana (guardia)>) **{**

    <sequenza istruzioni>;

}

Questo comando si comporta nel seguente modo:

- innanzitutto valuta l'espressione booleana (chiamata anche guardia del while);
- fino a quando la guardia è vera esegue ripetutamente la sequenza di istruzioni contenuta nel corpo;
- quando la guardia non è più verificata, il while termina e il programma prosegue con la successiva istruzione presente dopo la chiusura del blocco (**}**).

È bene sottolineare immediatamente due aspetti importanti per questo comando ovvero:

a) se la guardia (o condizione) non è mai verificata, il corpo del while non è mai eseguito (nemmeno una volta!); questo aspetto determina il nome di **ciclo precondizionale** per il while, proprio per evidenziare il fatto che prima si valuta l'espressione booleana e dopo, eventualmente, si esegue il corpo.

b) Se invece la guardia è sempre verificata, si cade all'interno di un ciclo infinito: l'algoritmo non termina mai e viene ripetuta infinite volte solo la sequenza di istruzioni contenuta nel corpo; questo evento blocca irrimediabilmente il programma e il calcolatore che lo esegue, mandandolo in stallo: tecnicamente si dice che si è in presenza di un "Loop infinito". L'aggettivo "indefinito" sta ad indicare il fatto che in genere non conosciamo a priori quanti cicli saranno eseguiti prima che la guardia cessi di essere vera (terminazione del while).

Per implementare correttamente un comando iterativo while, si deve essere sicuri che tra le istruzioni contenute nella sequenza del corpo, una si occupi di rendere falsa la guardia dopo un numero finito di passi.

185

Per esempio si supponga di voler scrivere un segmento di programma che legge il valore di una variabile intera non negativa A, e che lo replichi in un'altra variabile B mediante incrementi unitari.

Vogliamo cioè che alla fine del programma sia A=B, utilizzando esclusivamente l'incremento unitario (B=B+1).

Il diagramma di flusso relativo al problema dato è illustrato in fig. 21.

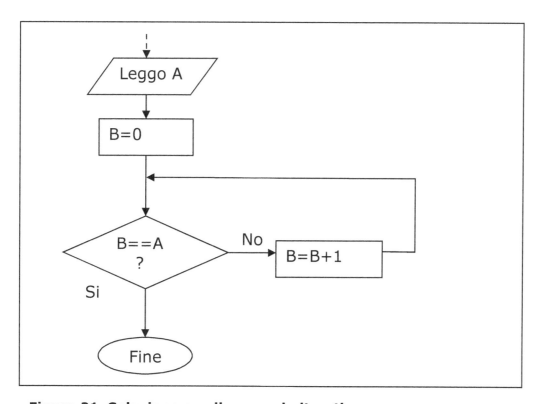

Figura 21 Soluzione con il comando iterativo.

La traduzione in codice sorgente C# del precedente diagramma è la seguente:

```
...<Lettura valore di A>...
B=0;
while (B!=A)
   B=B+1;
```

...

Questo frammento esegue l'istruzione B=B+1 fintanto che è B diverso da A; quando questa condizione non è più verificata (vale cioè B=A) il ciclo termina e si prosegue con le istruzioni successive.

Come si vede, il corpo del while contiene un incremento della variabile B utilizzata anche per l'espressione "guardia": questo ci garantisce che se A è un numero non negativo, il ciclo While terminerà sicuramente senza Loop infiniti.

Esercizio - Formalizzare mediante diagramma di flusso e codice C# i seguenti segmenti di programma utilizzando l'iterazione indefinita precondizionale.

Implementare l'algoritmo che esegue la lettura del valore di una variabile intera A, che inizializzi una variabile intera B con il valore 2, e che moltiplichi ripetutamente B*2 finché non ottiene B>=A.

La divisione intera tra 2 numeri, secondo l'algoritmo di Euclide, è data dalla sottrazione ripetuta del divisore dal dividendo, finché il resto diventa più piccolo del divisore.
Scrivere un segmento di programma (disegnare il diagramma di flusso e tradurlo nel relativo codice C#) che dati due numeri esegua la divisione di Euclide e fornisca il risultato intero e il resto.

Fornire la descrizione del comando while e dire perché si chiama "indefinito" e "precondizionale".

7.5.2 Il ciclo do while (post condizionale)

Si è visto che il comando While valuta innanzitutto la guardia e poi, eventualmente, esegue la sequenza di istruzioni contenuta nel corpo.

In molti casi può essere utile avere un comando che prima esegue una volta la sequenza di istruzioni e poi valuti la guardia per decidere se continuare o no a ciclare sul corpo.

Anche se questo comportamento si può tranquillamente simulare scrivendo opportunamente l'espressione booleana del While, C# mette a disposizione un comando iterativo che si comporta come descritto: **do while**.

La rappresentazione della sintassi di questo comando è la seguente:

do {
<sequenza istruzioni>;
}
while (<espressione booleana (guardia)>);

In questo caso come prima operazione si effettua l'esecuzione della sequenza di istruzioni contenuta nel corpo, successivamente si valuta la condizione (guardia):
- se la guardia è vera torniamo ad eseguire la sequenza istruzioni;
- se la guardia è falsa il ciclo termina e si prosegue con l'istruzione seguente.

La caratteristica di questo comando è quindi quella di eseguire almeno una volta il corpo e successivamente di valutare l'espressione; tale caratteristica determina l'aggettivo "**post condizionale**" che compare dopo il nome del comando.

Esercizio - Formalizzare mediante diagramma di flusso e codice C# i seguenti segmenti di programma utilizzando l'iterazione indefinita post condizionale.

Implementare l'algoritmo che esegue la lettura del valore di una variabile intera A, che inizializzi una variabile intera B con il valore 2, e che moltiplichi ripetutamente B*2 finché non si ottiene B>=A.

La divisione intera tra 2 numeri, secondo l'algoritmo di Euclide, è data dalla sottrazione ripetuta del divisore dal dividendo, finché il resto diventa più piccolo del divisore.
Scrivere un segmento di programma (disegnare il diagramma di flusso e tradurlo nel relativo codice C#) che dati due numeri esegua la divisione di Euclide e fornisca il risultato intero e il resto.

Fornire la descrizione del comando do-while e dire perché si chiama "indefinito" e "post condizionale".

7.5.3 Il ciclo for (iterazione enumerativa)

Quando è noto a priori il numero di volte che vogliamo eseguire un ciclo, può essere più comodo utilizzare il comando di iterazione enumerativa (o determinata).

Supponiamo per esempio di voler scrivere un programma che legge il valore di una variabile intera n, e visualizza sul monitor n volte la stringa "CIAO".

Il diagramma di flusso per questo segmento è illustrato in figura.

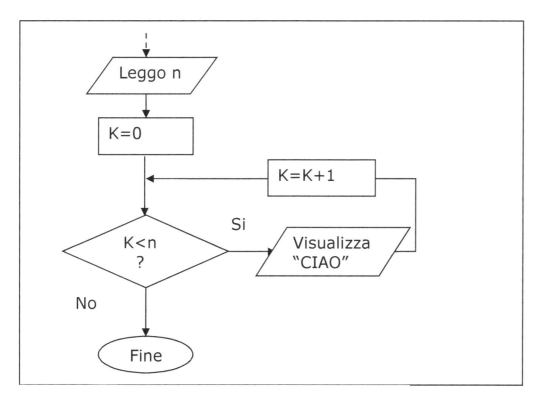

Figura 22 Uso dell'iterazione enumerativa.

La sintassi dell'iterazione enumerativa (o determinata) espressa con il solito formalismo è la seguente:

```
for (<NomeVarContatatore>=<valInferiore>;<espr. bool>; <incremento>)
{
        <sequenza istruzioni>;
}
```

In pratica dobbiamo indicare al programma, quante volte vogliamo ripetere la sequenza istruzioni contenuta nel corpo; <NomeVarContatore> indica una variabile che funziona come un contatore del numero di volte che si ripetono le istruzioni, e deve essere inizializzata ad un valore inferiore che sarà incrementato (vd. <incremento>) dopo ogni esecuzione della sequenza di istruzioni. Prima di eseguire le sequenza di istruzioni si deve controllare se la variabile contatore non ha superato il valore superiore del range disponibile: se l'<espr. booleana> è TRUE (cioè la var-contatore<val-sup) eseguo la sequenza di istruzioni, altrimenti (cioè la var-contatore >val-sup) si esce dal ciclo e si passa il controllo all'istruzione successiva.

L'esempio precedente si traduce in codice C# nel seguente modo:

```
...<Lettura variabile n>
int k;
for (k=0; k<n; k++)
    Console.WriteLine("CIAO");
```

In questo caso, poiché voglio eseguire dei passi unitari, posso usare l'incremento unitario k++.

Per fare un esempio di come si può utilizzare l'incremento, si supponga di voler ottenere lo stesso risultato ciclando nel verso contrario, partendo da k=n e terminando quando k raggiunge il valore inferiore 0:

```
...<Lettura variabile n>
int k;
for (k=n; k>0; k--)
    Console.WriteLine("CIAO");
```

L'incremento k++ e il decremento k-- si potrebbero scrivere con la notazione estesa, rispettivamente: k=k+1 e k=k-1.

Supponiamo adesso di voler scrivere un programma che calcola la potenza ennesima di n.

Ricordando che $n^n = n*n*n*n...(n \ volte)$ possiamo disegnare il diagramma di flusso, come indicato in fig. 23.

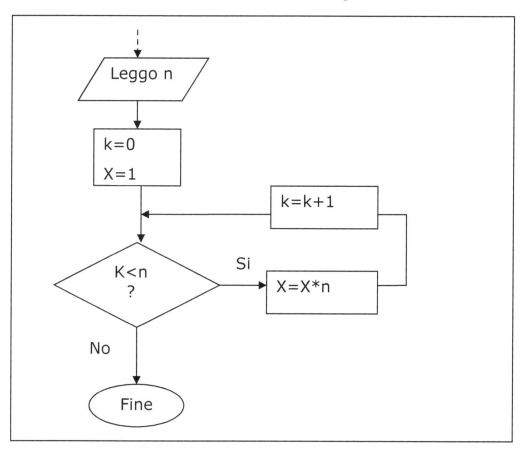

Figura 23 Calcolo della potenza ennesima di n.

Traducendo il diagramma si ottiene:

...<Lettura variabile n>

int k,X;

X=1;

for (k=0; k<n; k++)

    X=X*n;

È necessario osservare che la variabile di conteggio dei passi, in questo caso k, è gestita all'interno dall'automatismo del comando iterativo for.

In C# è comunque possibile intervenire con assegnamenti alla variabile contatore del ciclo for all'esterno delle parentesi tonde, ma è da evitare a causa della poca chiarezza che ne risulterebbe.

Se ci si attiene ai normali canoni della programmazione, e si evita di modificare arbitrariamente la variabile contatore, il comando "for" non dovrebbe generare cicli infiniti.

In caso contrario potremmo trovarci davanti ad un programma dal comportamento poco chiaro, imprevedibile, e probabilmente affetto da numerosi errori logici (spaghetti code).

Esercizio - Formalizzare mediante diagramma di flusso e codice C# i seguenti algoritmi utilizzando l'iterazione enumerativa:

- Dopo aver letto il valore di due variabili intere X e Y, scrivere un segmento che calcoli X^Y.

- Ricordando che la moltiplicazione tra due numeri (A x B) può essere vista come la somma di A per se stesso ripetuta B volte, ovvero: $A \times B = \underbrace{A+A+A+...+A}_{B \text{ volte}}$,

  produrre il diagramma di flusso ed il relativo segmento di programma in C# che implementi tale algoritmo.

- Fornire la descrizione del comando While e dire perché si chiama "indefinito" e "pre-condizionale".

- Dire se è possibile cadere in un loop infinito con il ciclo for e fornire un esempio.

- Descrivere le differenze tra i tre tipi di comando iterativo discussi nel capitolo.

7.5.4 Il teorema di Böhm - Jacopini (1966)

Questo enunciato ci assicura che se il linguaggio di programmazione che utilizziamo, mette a disposizione le strutture principali, allora possiamo utilizzarlo per scrivere qualunque algoritmo ci venga in mente.

La formulazione precisa del teorema è la seguente:

Qualsiasi algoritmo può essere scritto utilizzando soltanto tre strutture di base: **sequenza**, **selezione**, **iterazione**.

Grazie a questo teorema siamo perciò sicuri che qualunque linguaggio ci permetta di utilizzare questi costrutti è sufficientemente potente da permetterci la scrittura di qualunque algoritmo.

Questi tre costrutti di base prendono il nome di "strutture di controllo", perché ci permettono di controllare e modificare il percorso operativo all'interno dell'algoritmo, allo scopo di ottenere il risultato voluto.

Esercizio - Formalizzare mediante diagramma di flusso e codice C# i seguenti segmenti di programma utilizzando le strutture di controllo:

- Dopo aver letto il valore di due variabili intere X e Y, scrivere tre segmenti di programma che calcolino X^y utilizzando prima il comando *while*, poi il *do while*, ed infine il *for*.
- Implementare l'algoritmo che letto il valore di una variabile intera A, lo trasferisce ad un'altra variabile intera B, mediante incrementi o decrementi unitari: alla fine del ciclo B deve avere il vecchio valore di A, mentre A deve valere 0.
- Implementare l'algoritmo che letto il valore di due variabili intere A e B, calcola il massimo comune divisore (MCD).
- Implementare l'algoritmo che letto il valore di due variabili A e B, calcola il minimo comune multiplo (mcm).

---

8. Il concetto di sottoprogramma

Spesso durante la progettazione dei programmi, ci si rende conto di dover riscrivere più volte le stesse righe di codice in punti diversi, perché una parte dell'algoritmo deve essere riutilizzata più volte.

Così se ad esempio abbiamo scritto le righe di codice che riescono a risolvere un complicato polinomio, e nel nostro programma troviamo due posizioni nelle quali si ha bisogno di calcolare un polinomio, siamo costretti (seppur con copia e incolla) a riscrivere il nostro codice.

In definitiva il risultato è quello di ottenere un codice poco leggibile e in alcuni casi esageratamente lungo (spaghetti code).

Una soluzione a questo problema è quella di scrivere un sottoprogramma che risolva il problema in generale, dare un nome a questo sottoprogramma, e infine richiamarlo ogni volta che ci serve semplicemente scrivendo il suo nome.

In questo modo non solo si rende più leggibile il programma complessivo ma, se ci si accorge di aver commesso qualche errore nel sottoprogramma che risolve il ad es. polinomio, è sufficiente apportare le modifiche in un solo punto piuttosto che in tutte le copie di codice "incollate" qua e là.

Questa caratteristica conferisce il nome di "Programmazione strutturata" alla tecnica di programmazione che ne fa uso.

8.1 Funzioni

Il termine "funzione" in informatica è riferito ad un sottoprogramma che, come vedremo, restituisce un valore al codice chiamante dopo la sua esecuzione.

Chiariamo il concetto con un semplice esempio: supponiamo di voler scrivere un sottoprogramma in grado di calcolare il valore di X^Y nel caso in cui sia X>Y, X+Y nel caso in cui sia Y>X e 2*X+Y se vale X=Y; quello che abbiamo visto finora ci consente di disegnare il diagramma di flusso mostrato in fig. 24.

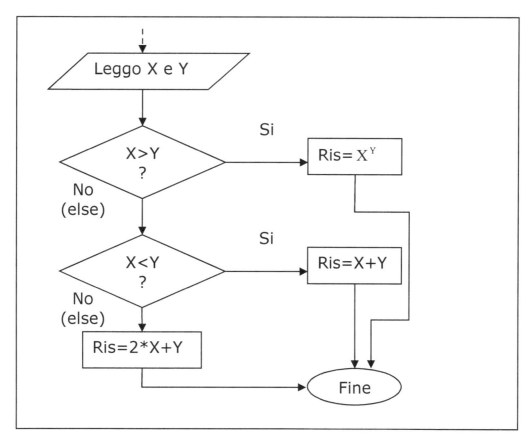

Figura 24 Calcolo di una semplice espressione.

A partire dal diagramma di flusso possiamo ottenere la traduzione in codice sorgente per il linguaggio C#:

```
...<lettura X,Y>
int Ris;
if (X>Y)
    Ris=Math.Pow(X,Y);
```

```
else
   if (X<Y)
      Ris=X+Y;
   else
      Ris=2*X+Y;
```

Per poter "racchiudere" questo segmento di programma all'interno di una funzione in modo che esso sia utilizzabile in qualunque altro punto del programma, devo utilizzare la seguente sintassi (dichiarazione di funzione):

<Tipo restituito> <nome funzione> ([<lista tipo-parametri>]) {
   <sottoprogramma>;
 return <valore restituito>
}

L'esempio precedente può essere riscritto come:

```
int funzioneDiProva (int A, int B){
   int Ris;
   if (A>B)
      Ris= Math.Pow(A,B);
   else
      if (A<B)
         Ris=A+B;
      else
         Ris=2*A+B;
   return Ris;
}
```

Se ora volessimo utilizzare questa funzione all'interno del programma principale, in qualunque punto, dovremmo semplicemente richiamarne il nome (chiamata di funzione) e fornire dei valori adeguati per i due parametri (ovvero le variabili tra parentesi); ad esempio:

197

...<lettura di K e H>

int W;

W=funzioneDiProva (K,H);

L'ultima riga di codice significa letteralmente: assegna alla variabile W il valore restituito dalla funzione "funzioneDiProva", richiamata assegnando ai parametri il valore di K ed il valore di H.

Assegnare il valore ai parametri significa valorizzare le variabili indicate tra parentesi nella **definizione** della funzione, con i valori indicati tra parentesi nella **chiamata** della funzione stessa.

Questo significa che quando sarà eseguita la funzione, le variabili indicate nei parametri avranno esattamente il valore assegnato nella chiamata.

Se per esempio scrivessimo:

...

W= funzioneDiProva (12,41);

equivarrebbe a richiamare la funzione assegnando al primo parametro (A) il valore 12 e al secondo (B) il valore 41. Con tali valori la selezione ci porterebbe ad eseguire il ramo:

```
... else
     if (A<B)
        Ris=A+B;
```

Infatti è vero che 12<41

e questo comporterebbe come risultato il valore 12+41=53, che alla fine sarebbe assegnato alla variabile W.

8.2 Procedure

Una procedura si comporta esattamente come una funzione ma si limita ad eseguire qualcosa, senza restituire valori.

Per questo motivo non deve essere dichiarato il tipo restituito in quanto non viene restituito niente.

La sintassi C# per le procedure è la seguente:

```
void <nome procedura> ([<lista tipo-parametri>])
{
   <sottoprogramma>;
}
```

Come si vede manca l'istruzione "Return" presente invece nella funzione, e il tipo restituito è sempre **void**.

Una procedura può essere utilizzata per eseguire delle elaborazioni, modificare variabili, ripulire aree di testo, come illustrato nel seguente esempio:

supponiamo di avere un'applicazione come quella indicata in fig. 25.

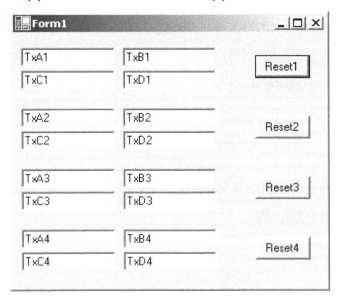

Figura 25. Esempio di applicazione

Supponiamo anche di voler scrivere un'unica procedura che richiamata con gli opportuni parametri cancelli il testo dal relativo gruppo di oggetti TextBox presenti sul form.

A questo scopo è sufficiente dichiarare la seguente procedura:

```
void Pulisci(TextBox A, TextBox B, TextBox C, TextBox D){
        A.text = "";
        B.text = "";
        C.text = "";
        D.text = "";
}
```

Questa procedura ha 4 parametri di tipo TextBox: ciò significa che ad ognuno di loro può essere assegnato qualunque controllo TextBox.

Ogni volta che vorrò utilizzare questa procedura basterà richiamarla e valorizzare i parametri con gli oggetti che mi interessa "ripulire".

In questo modo, cliccando sul pulsante "Reset1" posso richiamare la procedura con i seguenti valori:

Pulisci(TxA1,TxB1,TxC1,TxD1).

Se avessi bisogno di ripulire il secondo gruppo di textBox dovrei invece richiamare la procedura con i seguenti parametri:

Pulisci(TxA2,TxB2,TxC2,TxD2).

Quello che succede è che ai parametri A,B,C,D, vengono associati gli oggetti TxA2,TxB2,TxC2,TxD2, così quando nella procedura troviamo scritto A.Text= "" in pratica è come se ci fosse scritto TxA2.text="".

A questo punto è necessario sintetizzare i concetti più importanti trattati negli ultimi due paragrafi:

a) Sia le funzioni che le procedure sono dei sottoprogrammi.

b) Sia le procedure che le funzioni prevedono l'uso (opzionale) di parametri di ingresso.

c) Le funzioni restituiscono un valore al termine della loro esecuzione, le procedure non restituiscono niente.

d) Sia le procedure che le funzioni devono prima essere definite e poi possono essere richiamate, quante volte vogliamo.

Vediamo ancora qualche esempio di definizione ed uso di funzioni e procedure.

```
int SommaPos (int a, int b, int c) {
    int Ris;
    if ((a>0) && (b>0) && (c>0))
        Ris=a+b+c;
    else
        Ris=0;
    return Ris;
}
```

Questa funzione esegue la somma solo se i tre addendi sono positivi, in caso contrario restituisce il valore 0.

Per richiamare la funzione SommaPos è sufficiente indicarne il nome e specificare i tre valori per i parametri interi (ad es. 13, 13, 45):

W=SommaPos(13,13,45), dove W è una qualunque variabile intera che funge da L-Value.

Vediamo adesso come è possibile ottenere un risultato simile utilizzando le procedure e non utilizzando un L-Value. Dichiariamo una variabile intera W e poi definiamo la procedura PsommaPos nel seguente modo:

```
int W;
void PSommaPos (int a, int b, int c) {
    if ((a>0) && (b>0) && (c>0))
        W=a+b+c;
    else
        W=0;
}
```

Se ora richiamiamo la procedura PsommaPos(13,13,45), otteniamo che la variabile W **dichiarata all'esterno** della procedura, conterrà il valore della somma tra a,b e c.

In pratica *le procedure (o le funzioni) possono "vedere" e modificare anche le variabili dichiarate all'esterno di esse, mentre non è possibile dall'esterno di una procedura (o di una funzione) vedere o modificare una variabile dichiarata all'interno.*

8.3 Visibilità delle variabili

Quando si pensa alle variabili dichiarate all'interno delle funzioni o delle procedure, bisogna ricordarsi che il contesto delle variabili stesse è interno a questi sottoprogrammi.

Possiamo immaginare l'ambiente di esecuzione delle funzioni e delle procedure, come disposto trasversalmente all'ambiente di esecuzione del programma principale.

La fig. 26 illustra graficamente l'ambiente di esecuzione di una funzione in relazione all'ambiente principale.

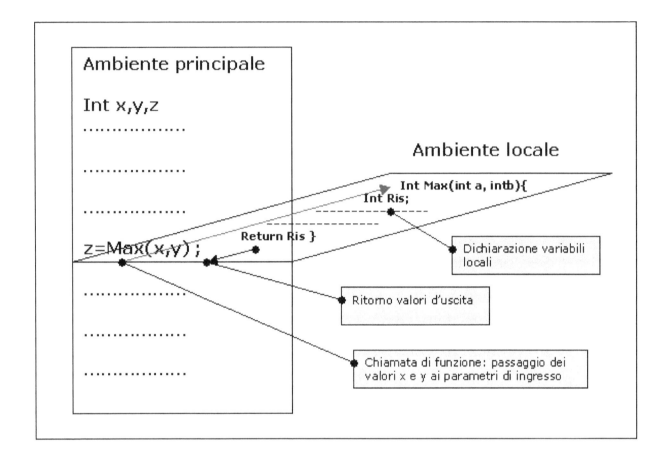

Figura 26. Ambiente globale e ambiente locale

Ambiente globale

Approfondiamo ora il concetto appena discusso in merito alla visibilità delle variabili.

Supponiamo di dichiarare, in un certo punto del programma, una variabile intera che chiamiamo z, ed una variabile intera che chiamiamo k.

Supponiamo anche di inizializzare z con il valore 120 e supponiamo poi di dichiarare una procedura che calcola il doppio di un numero dato e di richiamarla come nell'esempio riportato sotto, scritto in codice C#:

```
int z,k;
```

```
z=120;
void Doppio(int X){
  int z;
  z=X*2;
  k=z;
}
```

Doppio(30);

La domanda che ci poniamo è la seguente: quanto valgono k e z dopo la chiamata alla procedura Doppio(30);?

La risposta è semplice: la variabile k varrà 60 mentre la variabile z varrà ancora 120. Come è possibile?

Quello che succede in questo caso prende il nome di "mascheramento" di variabili.

La variabile z che abbiamo dichiarato all'interno della procedura non è la stessa che abbiamo dichiarato all'esterno.

La procedura, come già visto, è in grado di accedere alle variabili dichiarate all'esterno, a patto che non contenga al suo interno la dichiarazione di variabili con lo stesso nome.

In pratica le variabili dichiarate all'interno della procedura, hanno per essa la visibilità massima, al punto che coprono quelle dichiarate all'esterno.

Nel precedente esempio la variabile z dichiarata all'interno della procedura esegue il "mascheramento" nei confronti della variabile globale z dichiarata all'esterno.

D'altra parte, le variabili dichiarate all'esterno hanno una loro precisa area di memoria, che è diversa da quella delle variabili interne, perciò l'elaborazione con variabili interne non modifica il contenuto delle omonime variabili esterne.

Le variabili che dichiariamo all'interno di una procedura o di una funzione prendono il nome di **variabili locali**, mentre quelle che dichiariamo all'esterno, ad esempio all'inizio del programma e che possono essere viste e modificate da qualunque punto del programma stesso prendono il nome di **variabili globali**.

8.3.1 Parametri per valore e per riferimento

I parametri d'ingresso di una funzione o di una procedura, possono essere specificati indue modi distinti: per valore e per riferimento.

Se non specifichiamo la modalità di passaggio dei parametri alle funzioni o alle procedure, questi si intendono "per valore"; in questa modalità viene creata una copia del valore di ingresso e questa copia è utilizzata per i calcoli interni alla funzione/procedura.

Il valore originale non viene mai modificato e, al termine dell'esecuzione della funzione/procedura, avrà il valore iniziale.

Per fare un esempio supponiamo di scrivere la seguente funzione:

```
int doppio (int x)
{
    x=x*2;
    return x;
}
```

supponiamo inoltre di utilizzare questa funzione nel seguente contesto:

```
...
int k,h;
k=50;
h=doppio(k);

...
```

Sicuramente il lettore saprà rispondere alla seguente domanda: *quanto vale h in seguito alla precedente chiamata di funzione?* La risposta è semplice: infatti h vale esattamente 100, ma quanto vale k?

Se analizziamo attentamente la funzione doppio vediamo che il parametro di ingresso x è modificato all'interno della funzione stessa, con l'istruzione:

x=x*2;

Grazie alla modalità di passaggio per valore, viene fatta una copia del valore contenuto nella variabile k, e quest'ultima non subisce nessuna modifica dall'elaborazione della funzione.

Il passaggio per riferimento (**ref**) determina invece l'uso per i calcoli all'interno di una funzione/procedura, della variabile originale passata in ingresso, perciò se modifichiamo la funzione e scriviamo:

```
int doppio (ref int x)
{
    x=x*2;
    return x;
}
```

Richiamandola in questo modo:

```
...
int k,h;
k=50;
h=doppio(ref k);

...
```

h continuerà ad avere il valore 100, ma anche k avrà il valore 100.

8.3.2 Effetti laterali

Ciò che abbiamo visto nel precedente prende il nome di *effetto laterale* o *side-effect*.

La modalità ref deve essere utilizzata con attenzione proprio a causa del verificarsi di effetti laterali, i quali sono spesso fonte di errori e malfunzionamenti.

D'altra parte la modalità riferimento ci permette in particolari circostanze, di evitare inutili e laboriosi giri di codice che renderebbero l'algoritmo poco chiaro e poco manutenibile.

Come tutti gli aspetti della programmazione, la modalità ref deve essere utilizzata con attenzione nella piena consapevolezza di quello che può verificarsi.

Esercizio - Formalizzare mediante diagramma di flusso e codice C# i seguenti segmenti di programma:

› Dopo aver letto il valore di due variabili intere X e Y, scrivere tre funzioni che calcolino X^{2y} utilizzando prima il comando *While*, poi il *Do While*, ed infine il *For*.

› Implementare una procedura che letti due parametri interi a e b modifichi una variabile globale assegnando ad essa il valore 3*a+b*b

› Implementare la funzione che a partire dal valore contenuto nei suoi parametri interi a,b,c restituisce il massimo comune divisore (MCD).

› Implementare una procedura che si comporta esattamente come la funzione precedente ma che modifica il valore della variabile globale X dichiarata in precedenza assegnando ad essa il valore del MCD.

---

9. Tipi strutturati

Non sempre i tipi di dato visti in precedenza sono sufficienti per implementare in modo semplice tutti gli algoritmi che siamo chiamati a costruire. Talvolta risulta più semplice realizzare algoritmi se si utilizzano tipi di dato strutturati, ovvero tipi di dato in grado di memorizzare dati complessi.

9.1 Vettori

Un vettore (o array) è una struttura dati complessa che permette la memorizzazione di più valori omogenei (dello stesso tipo) in celle indicizzate. Il vettore può essere classificato come un costruttore di tipo e consente di definire nuovi tipi di dati a partire da altri tipi preesistenti. Si può immaginare un vettore come una sequenza di caselle contigue (celle del vettore) identificate da un indice che inizia da zero (la prima cella ha indice 0). Ciascuna delle celle si comporta come una variabile tradizionale.

In primo luogo non bisogna dimenticare che una variabile di tipo vettore è innanzitutto una variabile e come tale ha le stesse proprietà discusse in precedenza.

La presenza di un Indice ci ricorda che le modalità di accesso ai dati contenuti in un vettore, avviene attraverso la specificazione di un valore.

Infine tutti i dati contenuti in un vettore devono avere lo stesso tipo.

La fig. 27 mostra la rappresentazione logica di un vettore V di numeri interi riempito con dati casuali.

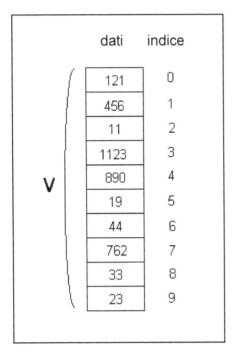

Figura 27 Vettore di interi

La dichiarazione di un vettore in C#, si effettua secondo la seguente sintassi:

<tipo> <nomeVariabile> **[] = new** <tipo> **[**<dimensione>**];**

Nell'esempio precedente la dichiarazione del vettore V avrebbe avuto questa forma:

int V=**new int [10];**

Il vettore V infatti ha 10 elementi (<dimensione>) e l'indice è compreso tra 0 e 9. Bisogna prestare attenzione a non confondere la dimensione del vettore (10) con il massimo indice utilizzabile (9), in quanto la prima posizione dell'indice dei vettori è sempre zero!.

In generale, se si dichiara un vettore di lunghezza n, bisogna ricordarsi che l'indice corrispondente all'ultimo elemento sarà sempre n-1.

9.1.1 Scrittura in un vettore

L'operazione di scrittura dei dati all'interno di un vettore ricalca quella di scrittura in una variabile qualunque, con la differenza che si deve specificare la posizione corrispondente alla cella all'interno della quale si vuole scrivere il dato.

Considerando allora il vettore precedente V come un L-value, sarà sufficiente eseguire dei semplici assegnamenti:

V[0]=121;
V[1]=456;
...

La prima istruzione scrive il valore 121 nella prima cella del vettore (indice 0), la seconda scrive il valore 456 nella seconda cella del vettore (indice 1) e così via.

9.1.2 Lettura da un vettore

Risulterà adesso abbastanza chiaro come la lettura dei dati contenuti in un vettore possa essere effettuata analogamente alla lettura del contenuto di una variabile semplice, ricordando di specificare l'indice della cella di cui si vuole leggere il dato, perciò le istruzioni:

int X;
X=V[9];

servono semplicemente per dichiarare una variabile intera e per copiarci dentro il valore contenuto nell'ultima cella del vettore V, ovvero il numero 23.

In questo caso il vettore si comporta come un semplice R-value e il contenuto della cella indicata è copiato all'interno di X.

9.1.3 Operazioni con i vettori

Per loro natura i vettori si prestano bene ad una elaborazione ciclica sequenziale che ne permette un uso molto efficiente in combinazione con i costrutti ciclici del linguaggio (while, for etc.).

Supponiamo per esempio di dover copiare tutti i dati contenuti nel vettore V, all'interno di un nuovo vettore W.

Innanzitutto dichiariamo il nuovo vettore:

```
int W[]=new int[10];
```

l'operazione richiesta potrebbe essere svolta senza errori, con la seguente sequenza di istruzioni:

```
W[0]=V[0];
W[1]=V[1];
W[2]=V[2];
W[3]=V[3];
W[4]=V[4];
W[5]=V[5];
W[6]=V[6];
W[7]=V[7];
W[8]=V[8];
W[9]=V[9];
```

Ma cosa succederebbe se il vettore da copiare contenesse qualche milione di elementi?

Semplice: sarebbe necessario un programma con qualche milione di righe di codice, e probabilmente il programmatore chiamato a scrivere tale programma impiegherebbe un tempo non accettabile.

Una soluzione più intelligente è sicuramente la seguente:

```
int i;
for(i=0;i<10;i++)
    W[i]=V[i];
```

Cerchiamo allora di capire cosa succede mandando in esecuzione il precedente segmento di codice.

Quando il ciclo inizia, la variabile contatore i vale zero dunque l'assegnamento si trasforma in: W[0]=V[0]; dopo, si esegue l'incremento (i++) e l'assegnamento successivo diventa: W[1]=V[1];

Tutto ciò viene ripetuto fintanto che la condizone i<10 risulta verificata. Quando questa condizione cessa di essere vera, il ciclo termina e si prosegue con le istruzioni successive (se esistono).

È facile intuire che in questo modo, la dimensione del vettore non crea più problemi al programmatore, il quale, nel caso di vettori con lunghezza pari ad un milione di celle, può tranquillamente scrivere:

```
int i;


for(i=0;i<1000000;i++)
        W[i]=V[i];
```
Queste istruzioni sono sufficienti per costruire un programma che trasferisce un milione di interi da un vettore ad un altro.

Cerchiamo ora di eseguire una copia tra V e W, invertendo però l'ordine dei dati contenuti in V, ovvero: il dato contenuto in V[0] deve essere copiato in W[9], il contenuto di V[1] in W[8] etc.

Graficamente vogliamo ottenere quanto mostrato in fig. 28.

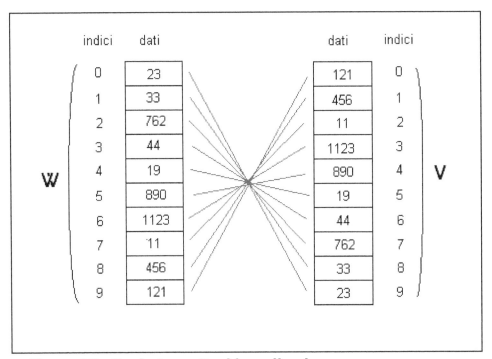

Figura 28   Copia tra vettori in ordine inverso.

La soluzione di questo algoritmo è tanto più semplice quanto si riesce a ragionare correttamente in termini di indici e di posizioni.

Per acquisire questa capacità è necessario esercitarsi assiduamente e cercare di trovare delle soluzioni accettabili a problemi analoghi.

Inizialmente si può partire scrivendo per esteso parte della sequenza di istruzioni necessaria allo svolgimento del compito:

W[9]=V[0];

W[8]=V[1];

W[7]=V[2];

W[6]=V[3];

...

A questo punto bisogna osservare cosa succede agli indici, al fine di sostituire le istruzioni esplicite con un ciclo iterativo:

Possiamo notare ad esempio che se l'indice di V può essere sostituito con i (i varia tra 0 e 9), l'indice di W può essere sostituito con 9-i.

Quando i assume il valore 0 si ha che 9-i assume il valore 9, quando i vale 1, 9-i vale 8, quando i vale 2, 9-i vale 7, infine, quando i vale 9, 9-9 vale 0.

Formalizzando questo discorso in codice C# si ottiene:

```
int i;
for(i=0;i<10;i++)
    W[9-i]=V[i];
```

Semplice no?

Allora, un buon programmatore non deve perde mai di vista la metodologia risolutiva degli algoritmi, né il fatto che essa è basata principalmente sul **ragionamento logico-deduttivo**.

9.1.4 I vettori come parametri

Anche i vettori possono essere utilizzati all'interno di una funzione o di una procedura, come mostrato nel seguente esempio: si supponga di voler scrivere una funzione MAX che dati due vettori di interi, di uguale lunghezza, restituisca un terzo vettore contenente per ogni posizione il valore massimo tra quello contenuto nel primo e quello contenuto nel secondo vettore.

L'intestazione della funzione è analoga a quella vista finora:

```
int [] MAX (int a[], int b[]) {
```

All'interno della funzione è necessario ricavarsi la lunghezza dei vettori di ingresso, al fine di dichiarare un vettore temporaneo che possa contenere il massimo di entrambi:

int lung; //*dichiarazione di una variabile intera.*

lung=a.**Length**; //*copia il numero di elementi del vettore a nella variabile lung.*

int[] Ris=new **int[**lung**];** //*dichiarazione di un vettore Ris di lung elementi.*

L'istruzione "a.Length" restituisce la lunghezza del vettore a, ovvero il numero di celle utilizzabili.

Il secondo passo è quello di scrivere il codice che esegue il confronto tra gli elementi della stessa posizione dei due vettori.

Per capire come fare si può iniziare a scrivere esplicitamente la sequenza di istruzioni necessaria, per poi sostituirla con il più comodo ciclo iterativo.

```
if (a[0]>=b[0])
      Ris[0]=a[0];
else
      Ris[0]=b[0];
if (a[1]>=b[1])
      Ris[1]=a[1];
else
      Ris[1]=b[1];
if (a[2]>=b[2])
      Ris[2]=a[2];
else
      Ris[2]=b[2];
...
```

Analogamente a quanto già visto, cerchiamo di utilizzare un costrutto ciclico per migliorare il codice e riportiamo le righe iniziali in modo da ottenere la funzione completa;

```
int [] MAX (int a[], int b[]) {
    int lung, i; //dichiarazione di due variabili esterne
    lung=a.Length; //calcolo lunghezza del vettore a
    int[] Ris=new int[lung]; //dichiarazione del vettore Ris
    for(i=0;i<lung;i++) //inizio del ciclo for
        if (a[i]>=b[i]) //se l'elemento massimo in posizione i è nel vettore a
            Ris[i]=a[i]; //copiamo l'elemento a[i] in Ris[i]
        else //altrimenti...
            Ris[i]=b[i]; //copiamo l'elemento b[i] in Ris[i]
    return Ris; //quando il ciclo termina restituiamo il vettore Ris
}
```

L'utilizzo dei costrutti di ciclo in abbinamento con i vettori, rappresenta una buona norma di programmazione e in certi casi l'unica soluzione accettabile.

Per loro natura i vettori si prestano ad una elaborazione mediante cicli iterativi perciò la ricerca di un algoritmo risolutivo di un problema che comprende tali strutture, deve sicuramente prevedere l'analisi e il dimensionamento di un qualche ciclo.

Gli esercizi che seguono dovrebbero essere svolti con la massima attenzione, cercando di mettere in pratica ciò che è stato descritto in precedenza.

Esercizio - Formalizzare mediante diagramma di flusso e codice C# i seguenti segmenti di programma:

E8.1 Scrivere una funzione che accetta in ingresso due vettori di numeri interi X e Y di lunghezza arbitraria e restituisce in uscita un vettore della stessa lunghezza contenente in ogni posizione il valore X^{2y} calcolato tra gli elementi occupanti la stessa posizione.

E8.2 Implementare una procedura che letti due vettori di interi X e Y di lunghezza n, modifichi un vettore intero Z di lunghezza n, dichiarato a livello globale, assegnando il valore 3*a+b*b calcolato tra gli elementi occupanti le stesse posizioni.

E8.3 Implementare una funzione che accetta in ingresso un vettore di stringhe S di lunghezza arbitraria e restituisce in uscita un vettore di stringhe contenente gli stessi elementi di S ma in ordine inverso.

E8.4 Implementare una procedura che si comporta esattamente come la funzione precedente ma che modifica il valore del vettore globale X dichiarato in precedenza (si assuma che S e X abbiano lunghezza costante k).

E8.5 Implementare dieci funzioni e dieci procedure che eseguano correttamente delle operazioni su vettori.

E8.6 Implementare una funzione che non accetta parametri in ingresso ma legge i valori di un vettore intero X dichiarato a livello globale, e restituisce in uscita un vettore contenente i valori di X moltiplicati per 2.

E8.7 Implementare una procedura che non accetta parametri in ingresso ma legge i valori di un vettore X dichiarato a livello globale e lo modifica moltiplicandone i valori per 2.

E8.8 Implementare una funzione che accetta in ingresso un vettore di interi X ed una costante k e restituisce in uscita un vettore contenente i valori di X moltiplicati per k.

E8.9 Implementare una funzione che accetta in ingresso un vettore di interi X e restituisce un vettore contenente solo gli elementi di X contenuti nelle posizioni pari.

9.2 Strutture

Con il termine "struttura" si intende un tipo di dato complesso definito dall'utente. Una variabile di questo tipo, a differenza del vettore, può contenere più dati, anche non omogenei.

Ogni dato che si inserisce in un tipo struttura prende il nome di "campo" mentre l'insieme di tutti i campi di un tipo struttura si chiama "record".

L'accesso ai campi di un record avviene grazie all'operatore di referenziazione "." seguito dal nome del campo, e non per indice, come succedeva con i vettori.

Vediamo ora come si dichiara un tipo struttura in C#:

```
struct <nome struttura> {
    public <tipo> <nome campo>;
    public <tipo> <nome campo>;
    public <tipo> <nome campo>;
    ...
}
```

Per comprendere il funzionamento di un tipo struttura si può ragionare sul seguente esempio:

supponiamo di voler implementare un tipo di dato che consenta la memorizzazione delle propietà (campi) relativi ad una persona;

```
struct persona {
public string nome;
    public string cognome;
```

```
        public int dataDiNascita;
        public int telefono;
}
```

Supponiamo ora di voler utilizzare questo nuovo tipo di dato che abbiamo appena definito, e si vogliono assegnare ai campi dei vaori (si ricorda che per accedere ai campi si utilizza il formalismo <nome_variabile>.<nome_campo>):

```
//dichiarazione di due variabili di tipo persona
persona x,y;
```

```
//inseriamo i valori per ogni campo della persona x
x.nome="Mario";
x.cognome="Rossi";
x.dataDiNascita=01121970
x.telefono=070567554
```

```
//inseriamo i valori per ogni campo della persona y
y.nome="Giulio";
y.cognome="Bianchi";
y.dataDiNascita=21031971
y.telefono=070324554
```

9.2.1 Uso combinato di strutture e di vettori

Nell'esempio precedente potrebbe ritornare utile poter memorizzare, per la stessa persona, più numeri di telefono.

Per modellare questa necessità è sufficiente utilizzare un vettore di interi per il campo telefono:

```
struct persona {
public string nome;
    public string cognome;
    public int dataDiNascita;
    public int [] telefono;
}
```

In questo caso è necessario dimensionare il vettore prima di utilizzarlo al fine di consentire la corretta allocazione delle celle di memoria; l'esempio precedente si trasforma allora nel seguente modo:

```
//supponiamo di prevedere 10 telefoni per x
x.telefono=new int [10]

//assegnamo ora i valori per i numeri di telefono
x.telefono[0]=070234564
x.telefono[1]=070554321
x.telefono[2]=070121223
...
x.telefono[9]=347334332
```

Supponiamo ora di voler utilizzare il tipo di dato "persona" per realizzare un archivio contenente più record.

Il modo più semplice per realizzare questo archivio è quello di utilizzare un vettore di persone, come mostrato nel seguente esempio:

//creazione del vettore di persone

persona [] *archivio* = new persona [100];

//impostazione dei dati per la prima persona

archivio[0].nome="Vincenzo";

archivio[0].cognome="Verdi";

archivio[0].dataDiNascita=12021977;

//allocazione memoria per il vettore telefono;

archivio[0].telefono=new int[5];

//impostazione dei valori per i numeri telefonici;

archivio[0].telefono[0]=070345344;

archivio[0].telefono[1]=070778753;

archivio[0].telefono[2]=070987654;

archivio[0].telefono[3]=347656789;

archivio[0].telefono[4]=359123456;

In questo modo abbiamo impostato tutti i campi del primo record dell'archivio.

Supponiamo ora di aver completato l'inserimento di tutti i record dell'archivio; l'istruzione:

MessageBox.show(archivio[40].telefono[1].ToString());

stampa il secondo campo telefonico del quarantunesimo record persona contenuto nel vettore archivio, dopo averlo trasformato in stringa.

Esercizio - Formalizzare mediante diagramma di flusso (dove occorre) e codice C# i seguenti segmenti di programma:

E8.10 Progettare un tipo di dato struttura che serva per descrivere tutti i campi di un'automobile.

E8.11 Progettare un tipo di dato che serva per memorizzare le automobili contenute in una concessionaria.

E8.12 Implementare una procedura che accetta in ingresso una variabile di tipo "concessionaria" e stampa tutti i campi.

E8.14 Implementare dieci funzioni e dieci procedure che eseguano correttamente delle operazioni su vettori di tipo struttura.

9.3 La persistenza dei dati e l'accesso ai file

Qualunque dato si utilizzi in un programma, esso è mantenuto nella memoria "volatile" del calcolatore, quindi, se a causa di un guasto o di uno sbalzo di tensione dovesse improvvisamente interrompersi l'alimentazione, non troveremmo più alcuna traccia del dato stesso.

Anche senza considerare un problema hardware, è sufficiente che il programma termini per far sì che tutti i dati contenuti nelle variabili siano irrimediabilmente cancellati.

Fortunatamente esistono dei luoghi di memoria più sicuri (memoria persistente), tipicamente individuati dai dischi rigidi, dai floppy disk, dai CD-Rom ecc, che non sono soggetti ad una cancellazione così drastica.

Affinché si possano salvare delle informazioni in questi dispositivi di memoria, è necessario che i dati siano organizzati logicamente con una struttura di file, compatibilmente con il file-system in uso.

Il linguaggio C# permette di creare e manipolare i file in tanti modi perciò è il caso di incominciare a distinguere tra le due strutture principali di questi oggetti: *file di testo* e *file binari.*

Entrambi i tipi di file possono essere acceduti in lettura o in scrittura attraverso la creazione e la gestione di un flusso di byte, il quale opera il trasferimento dei dati dal programma ai file o viceversa.

Quella che segue è una trattazione semplificata dell'uso dei file di testo nei programmi; per un ulteriore approfondimento si rimanda al volume secondo.

Importante: prima di effettuare qualunque operazione sui file è necessario importare la libreria che contiene le classi da utilizzare: aggiungere la seguente riga nella stessa posizione delle altre "using" di programma:

```
using System.IO;
```

9.3.1 La posizione dei file nel file-system

Come sappiamo, un tipico file-system è caratterizzato da un albero gerarchico contenente nella radice la lettera dell'unità di memorizzazione che lo contiene.

Una possibile configurazione del file-system del calcolatore di uno studente, potrebbe essere quella rappresentata in fig. 29.

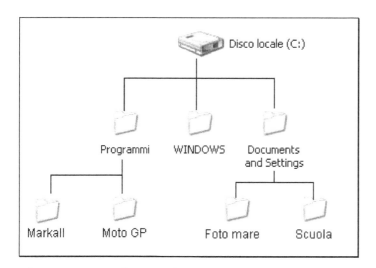

Figura 29. Schema di un file system

Le icone gialle rappresentano le "directory", ovvero dei contenitori logici in grado di contenere sia i file che le altre directory.

Una directory (o cartella) ha il semplice compito di mantenere logicamente uniti i file che contiene.

224

Per fare un esempio pratico pensiamo ad un archivio anagrafico: ogni cittadino ha una propria cartella, la quale contiene tutti i suoi documenti, dall'estratto dell'atto di nascita al certificato di residenza etc.

In questo modo, quando una persona richiede un documento, è semplice ritroivarlo: basta cercare nella sua cartella.

In fig. 29 esiste una cartella "Scuola" che è contenuta nella cartella "Documents and settings", contenuta a sua volta nel disco C.

Un ipotetico file "Ricerca_di_storia.txt", contenuto all'interno della cartella Scuola avrebbe il seguente nome completo di pathname (cammino):

```
C:\Documents and settings\Scuola\Ricerca_di_Storia.txt
```

Indicato in grassetto troviamo appunto il precorso che si deve seguire, a partire dalla radice C:, per raggiungere il file.

Questo percorso (o indirizzo) è espresso in forma assoluta, infatti contiene in modo esplicito tutti i passaggi necessari per raggiungere il file.

Supponiamo invece di trovarci già all'interno della cartella Documents and settings e di voler raggiungere il solito file senza dover riscrivere tutto il pathname: in questo caso potremmo usare la rappresentazione del percorso **relativo** alla nostra posizione attuale, ovvero:

```
.\Scuola\Ricerca_di_Storia.txt
```

L'indicazione del path in questo caso inizia con i caratteri **.** che significano: a partire dalla posizione attuale (**.**), spostati in avanti (****)

e raggiungi la cartella **Scuola**, spostati ancora in avanti (****) e apri il file `Ricerca_di_Storia.txt`.

Da questo esempio di capisce che il carattere **.** rappresenta la posizione attuale mentre il carattere **** serve per spostarsi all'interno di un'altra cartella o per raggiungere il file.

Sempre in modalità relativa è anche possibile risalire l'albero all'indietro: il doppio punto **..** significa proprio "ritorna indietro di una cartella e risali un livello dell'albero".

Se nell'esempio precedente volessimo aprire il file "ciao.txt" contenuto nella cartella Documents and settings, a partire dalla cartella Scuola, sarebbe sufficiente scrivere:

```
..\ciao.txt
```

Importante: quando si specifica un nome di file con il relativo cammino, lo si deve fare racchiudendo tra virgolette questa informazione e anteponendo il simbolo @ alla stringa.

In alternativa a questo simbolo è possibile utilizzare, nello specificare il pathname, il carattere slash "**/**" piuttosto che il backSlash "****", come in uso nei sistemi UNIX.

Le seguenti stringhe rappresentano il medesimo file:

```
@"C:\Documents and settings\Scuola\Ricerca_di_Storia.txt"
 "C:/Documents and settings/Scuola/Ricerca_di_Storia.txt"
```

L'utilizzo del carattere "**/**" è da preferirsi quando si progettano applicazioni multipiattaforma, in grado cioè di essere eseguite su differenti sistemi operativi.

9.3.2 *File di testo*

I file di testo contengono al loro interno informazioni di tipo stringa e possono essere utilizzati per la memorizzazione di qualunque dato.

La creazione di un file di testo e la sua apertura in modalità di scrittura, avviene con l'aiuto di un gestore di flusso, come indicato dalla seguente sintassi:

StreamWriter <nome>=**new StreamWriter** (<nome file completo del path>);

Con la precedente istruzione si crea un file di testo dal nome specificato e nella posizione specificata; se questo file esiste già il contenuto del vecchio file sarà cancellato e sovrascritto dal nuovo contenuto.

La connessione ad un file di testo in modalità di lettura, mediante il gestore di flusso, si ottiene secondo la seguente sintassi:

StreamReader <nome>=**new StreamReader** (<nome file completo del path >);

Quando utilizziamo questa istruzione dobbiamo essere sicuri che il file indicato esista già, in caso contrario verrà generato un errore a tempo d'esecuzione.

Nell'esempio precedente, se volessimo aprire in lettura il file Ricerca_di_Storia.txt contenuto nella directory Scuola, dovremmo utilizzare la seguente istruzione:

StreamReader SR = **new StreamReader** (@"C:\Documents and settings\Scuola\Ricerca_di_Storia.txt");

9.3.3 Lettura dai file di testo

In seguito all'istruzione precedente ci ritroviamo un gestore di flusso (SR nel nostro esempio) in grado di effettuare la lettura all'interno del file.

Tale lettura può essere effettuata invocando la funzione "ReadLine()" di SR, finchè questa non restituisce il valore **null** (fine del file).

Ogni volta che si invoca SR.ReadLine() viene letta una riga del testo contenuto nel file e il cursore di posizione si porta alla riga successiva.

È necessario ricordare che questa funzione restituisce un valore stringa che deve essere catturarto mediante assegnamento ad una variabile L-Value.

Per comprendere meglio questo meccanismo, poponiamo ora un esempio che serve per memorizzare in una variabile stringa, il contenuto di un file di testo.

Tra le varie possibilità offerte dal linguaggio decidiamo di utilizzare un comando iterativo post-condizionale, in modo da tentare la lettura almeno una volta (anche se il file fosse vuoto).

```
// Dichiariamo e costruiamo un gestore di flusso di tipo StreamReader, che chiamiamo sr
StreamReader sr=new StreamReader("C:/Documents and settings/Scuola/Ricerca_di_Storia.txt");

// Dichiariamo due variabili stringa: tot conterrà tutto il contenuto del file, tmp solo 1 riga per volta
string tmp,tot=null;

// Iniziamo il ciclo post-condizionale che esegue il corpo almeno una volta
do{
        tmp= sr.ReadLine();// Leggiamo una riga alla volta e la copiamo in tmp
        tot=tot + tmp + " "; // Aggiungiamo tmp a tot e inseriamo uno spazio in coda
        }
while (tmp!=null); // Ripetiamo tutto finchè il file finisce e la lettura restituisce null che ritroviamo in tmp
```

Alla fine del ciclo ritroviamo nella variabile tot il contenuto del file di testo, disposto su un'unica riga.

Se volessimo rispettare la formattazione delle righe di testo contenute nel file sarebbe sufficiente sostituire l'aggiunta dello spazio vuoto in coda con due caratteri speciali di ritorno carrello e nuova riga, ovvero: "**\r\n**".

9.3.4 Scrittura nei file di testo

La scrittura nei file di testo può essere effettuata in vari modi, tra questi sarà preso in considerazione il metodo WriteLine() il quale, dopo aver effettuato la scrittura di un dato valore, inserisce i terminatori di riga (caratteri di andata a capo).

Supponiamo di avere un vettore di stringhe V contenente un numero arbitrario di dati; il codice C# necessario per la scrittura di questi dati in un file è il seguente:

```csharp
//dichiariamo due variabili intere
int i,k;

//calcoliamo la lunghezza del vettore V
k=V.Length;

/*dichiariamo e costruiamo un gestore di flusso in
 *scrittura e proviamo a creare il file (se non esiste)
StreamWriter sw=new StreamWriter("c:/Programmi/prova.txt");

//iniziamo il ciclo di scrittura
for (i=0;i<k;i++)
    sw.WriteLine(V[i]);

/*alla fine del ciclo forziamo la scrittura del
 * buffer e chiudiamo il collegamento al file */
sw.Flush();
sw.Close();
```

Al termine dell'esecuzione di queste poche righe di codice dovremmo trovare un file di testo che si chiama "prova.txt" dentro la cartella Programmi contenuta nel disco C.

9.3.5 Scrittura nel file in modalità "Append"

Talvolta può essere necessario "appendere" delle informazioni in coda a quelle già contenute all'interno del file; in questi casi ciò che si deve fare è semplicemente modificare il modo in cui si crea il gestore di flusso in scrittura, ovvero lo StreamWriter:

StreamWriter <nome> = **File**.**AppendText**(<nome completo di path>);

In seguito alla creazione di questo gestore di flusso, si può scrivere dentro il file esattamente con le stesse modalità viste in precedenza. Il risultato sarà ora quello di vedere "agganciate" le nuove informazioni in coda a quelle contenute dal file.

Se ad esempio, volessimo aggiungere una stringa in coda al file "prova.txt", sarebbe sufficiente scrivere le seguenti righe di codice:

```
//Creazione del gestore di flusso in modalità append
StreamWriter sw=File.AppendText("c:/Programmi/prova.txt");

//scrittura dentro il file
sw.WriteLine("Questa riga si posizionerà alla fine del file...");

//svuotamento buffer e chiusura della connessione al file
sw.Flush();
sw.Close();
```

Quelle che abbiamo visto finora sono le operazioni che possiamo effettuare all'interno del file (lettura, scrittura e scrittura in modalità append).

Dopo che il file è stato creato ed eventualmente riempito di dati, si potrebbe avere la necessità di posizionarlo in un'altra directory, di eseguirne una copia o di cancellarlo completamente.

Le seguenti operazioni riguardano il file ma, in modo più diretto riguardano il file-system.

È proprio grazie all'interazione del linguaggio con il file-system del sistema operativo, che si riescono ad effettuare le operazioni suddette.

9.3.6 Operazione di copia

La copia di un file si effettua invocando la funzione **File.Copy**, la cui sintassi è indicata dalla seguente istruzione:

File.Copy(<nome e path file sorgente>, <nome e path file destinazione>);

Prima di eseguire una copia del file è necessario assicurarsi che nella posizione indicata come destinazione, non esista già un file con lo stesso nome, altrimenti verrebbe generato un errore a tempo di esecuzione.

Per verificare se un file è già presente in una certa posizione, può essere utile la seguente funzione:

File.Exists(<nome file completo di pathname>);

Questa funzione restituisce il valore booleano **true** se trova il file, **false** altrimenti.

9.3.7 Operazione di spostamento

Lo spostamento di un file si effettua richiamando la seguente funzione:

File.Move(<nome e path file sorgente>, <nome e path file destinazione>);

Anche in questo caso è necessario accertarsi che la destinazione non contenga un file con lo stesso nome di quello che vogliamo spostare.

9.3.8 Cancellazione di un file

Per cancellare un file è sufficiente passarlo come argomento alla funzione Delete:

File.Delete(<nome file completo di path>);

È necessario prestare molta attenzione prima di eseguire una cancellazione: i file cancellati con questo comando non sono spostati nel cestino di Windows ma sono cancellati definitivamente!.

Esercizio - Formalizzare mediante diagramma di flusso (dove occorre) e codice C# i seguenti segmenti di programma:

› Scrivere la procedura CopiaFile che accetta in ingresso due stringhe rappresentanti due nomi di file e esegue la copia del primo sul secondo.

› Scrivere la procedura UnisciFile che accetta in ingresso tre stringhe, le prime due rappresentanti i due file che si vogliono unire e la terza rappresentante il nome del file complessivo dentro il quale dovranno trovarsi le informazioni contenute nei primi due.

› Scrivere la procedura SeparaFile che accetta in ingresso il nome di un file e salva altri due file contenenti ognuno la metà delle informazioni che conteneva il file originale.

› Implementare dieci funzioni e dieci procedure che eseguano correttamente delle operazioni sui file.

9.4 Alcune funzioni utili

Il linguaggio C# mette a disposizione migliaia di funzioni predefinite che possono essere utilizzate all'interno dei programmi.

Ci limiteremo in questo contesto all'analisi di alcune di esse e si introdurranno le modalità per il corretto uso delle funzioni matematiche.

9.4.1 Generazione di numeri casuali

In C# esiste un motore di generazione di numeri pseudo casuali con distribuzione uniforme.

Il generatore è in grado di generare una sequenza infinita di numeri utilizzando delle successioni matematiche costruite in modo da farli sembrare casuali (pseudo-casuali).

Per generare numeri pseudo-casuali in C# è sufficiente scrivere le seguenti righe di codice:

```
//dichiarazione e costruzione dell'enumeratore casuale "nome"
Random <nome> = new Random();
```

Dopo aver costruito l'enumeratore casuale lo si può utilizzare per generare i numeri casuali, secondo la sintassi indicata sotto:

```
// generazione di un numero pseudo-casuale
<nome>.Next (<valore minimo>, <estremo superiore>);.
```

È necessario porre molta attenzione alla sintassi della funzione Next, infatti: il valore minimo specificato rientra nell'insieme dei numeri generati dall'enumeratore, mentre l'estremo superiore non viene mai generato.

Così, se per esempio scrivessimo il seguente codice:

```
//dichiarazione e costruzione dell'enumeratore casuale "R"
Random R = new Random();
//dichiarazione di una variabile intera da usarsi come L-Value
int X;

//Generazione di un numero casuale compreso tra 0 e 99
X=R.Next (0,100);
```

Otterremmo la generazione di un numero compreso tra 0 e 99, che sarebbe copiato nella variabile intera X.

9.4.2 Le funzioni di *Math.*

Tutte le funzioni della libreria matematica di C# si richiamano facendo precedere al nome della funzione, il nome della libreria Math seguito da un punto.

Quando scriviamo Math. (il lettore è invitato a farlo) otteniamo l'elenco delle funzioni disponibili.

Ad esempio, la funzione che calcola la radice quadrata si invoca nel seguente modo:

```
<variabile double>=Math.Sqrt(<numero non negativo>);
```

La variabile L-Value deve essere dichiarata di tipo Double (virgola mobile con precisione doppia) in quanto il risultato dell'operazione di estrazione della radice quadrata potrebbe non essere un numero intero.

Analogamente si utilizzano le altre funzioni presenti nella libreria.

Esercizio Scrivere 10 funzioni che utilizzino al loro interno la libreria Math.

www.ingramcontent.com/pod-product-compliance
Lightning Source LLC
Chambersburg PA
CBHW081226050326

40689CB00016B/3689